普通高等院校网络与新媒体专业系列教材

New
Media
Marketing

新媒体营销

张可 编著

清华大学出版社
北京

内容简介

本教材以新媒体营销发展现状和趋势为主要脉络,阐释新媒体营销过程中各种消费现象和议题的传播机制,涵盖社交类新媒体、自媒体、短视频类新媒体、直播类新媒体等新媒体营销场景。本教材包括五大部分,主要介绍新媒体环境下的营销、新媒体营销的媒介渠道、新媒体营销的创新模式、新媒体赋能传统营销、新媒体营销下的伦理道德。

本教材结合数字时代背景和新媒体营销情境,通过大量案例,理论联系实践,有利于读者掌握新媒体营销的理论知识与方法技能。本教材既适合传媒专业本科生使用,也适合从事企业网络营销和新媒体传播的实践工作者参考。

本书封面贴有清华大学出版社防伪标签,无标签者不得销售。
版权所有,侵权必究。举报: 010-62782989,beiqinquan@tup.tsinghua.edu.cn。

图书在版编目(CIP)数据

新媒体营销 / 张可编著. —北京: 清华大学出版社,2024.3
普通高等院校网络与新媒体专业系列教材
ISBN 978-7-302-65578-7

Ⅰ.①新… Ⅱ.①张… Ⅲ.①网络营销—高等学校—教材 Ⅳ.① F713.365.2

中国国家版本馆 CIP 数据核字(2024)第 045849 号

责任编辑: 施 猛 张 敏
封面设计: 常雪影
版式设计: 孔祥峰
责任校对: 马遥遥
责任印制: 刘海龙

出版发行: 清华大学出版社
网　　址: https://www.tup.com.cn, https://www.wqxuetang.com
地　　址: 北京清华大学学研大厦 A 座　　邮　编: 100084
社 总 机: 010-83470000　　邮　购: 010-62786544
投稿与读者服务: 010-62776969, c-service@tup.tsinghua.edu.cn
质 量 反 馈: 010-62772015, zhiliang@tup.tsinghua.edu.cn

印 装 者: 北京同文印刷有限责任公司
经　　销: 全国新华书店
开　　本: 185mm×260mm　　印　张: 11.25　　字　数: 226 千字
版　　次: 2024 年 4 月第 1 版　　印　次: 2024 年 4 月第 1 次印刷
定　　价: 49.00 元

产品编号: 099856-01

普通高等院校网络与新媒体专业系列教材编委会

主　编｜王国燕

编　委
(按照姓氏拼音排序)

曹云龙	江苏师范大学
陈　强	西安交通大学
崔小春	苏州大学
丁文祎	苏州大学
杜志红	苏州大学
方付建	中南民族大学
龚明辉	苏州大学
金心怡	苏州大学
匡文波	中国人民大学
刘英杰	苏州大学
罗　茜	苏州大学
曲　慧	北京师范大学
王　静	苏州大学
许静波	苏州大学
许书源	苏州大学
于莉莉	苏州大学
喻国明	北京师范大学
曾庆江	苏州大学
张　健	苏州大学
张　可	苏州大学
张燕翔	中国科学技术大学
周荣庭	中国科学技术大学
周　慎	中国科学技术大学

前 言

互联网和数字化技术的迅猛发展催生了新媒体时代，它以跨越时空、互动性强、传播迅速等特点，改变了人们获取信息、建立联系和进行商业活动的方式。在这个全新的媒体环境下，企业等组织需要转变思维，借助新媒体的力量来达到他们的营销目标。本教材旨在帮助读者深入了解新媒体的环境、渠道、创新模式、技术应用与隐私等方面内容，为他们提供系统而实用的知识，帮助他们在新媒体时代实施有效的营销策略。

本教材共包含五大部分，涵盖了新媒体营销的各个关键领域。第一部分"新媒体环境下的营销"旨在让读者了解新媒体的发展与趋势，以及如何从市场的角度去分析和把握新媒体给营销带来的机遇与挑战。通过掌握新媒体在社会、经济和文化领域的影响，读者能更准确地把握和预测市场变化，为自己的营销决策提供更有力的支持。

第二部分"新媒体营销的媒介渠道"将深入介绍新媒体平台和渠道的特点、优势和使用方法，涵盖社交媒体、内容平台、搜索引擎和移动应用等多个方面。通过学习这些渠道的特点与应用案例，读者可以根据自身的营销目标和目标受众选择合适的渠道，并使用有效的策略和技巧进行宣传与推广，建立品牌形象，吸引更多的目标客户。

第三部分"新媒体营销的创新模式"将介绍新媒体时代出现的一些创新的营销模式和商业实践。无论是社交电商、内容营销还是用户生成内容，这些创新模式为企业提供了更多的机会，同时也给消费者带来了更多的参与互动的机会。通过学习这些创新模式的案例和分析，读者能够借鉴其成功经验，并将其运用到自己的营销实践中，实现与消费者的深度互动和长久的关系。

第四部分"新媒体赋能传统营销"讨论如何将新媒体与传统媒体结合起来，达到更好的营销效果。无论是传统广告、公关活动还是线下体验，通过结合新媒体的力量，可以更加有趣、个性化和具有互动性。本部分从整合营销传播的角度，为读者提供一些实用的技巧和策略，将传统与新媒体的优势相结合，从而更好地实现营销目标。

第五部分"新媒体营销下的伦理道德"探讨新媒体营销中涉及的技术应用和隐私保护的问题。新媒体营销离不开数据分析、人工智能、虚拟现实等先进技术的支持，而这些技术的应用需要遵循相应的隐私法律和伦理规范。本部分将介绍新媒体营销中常用的技术工具和方法，以及如何在使用这些技术的同时充分考虑用户隐私和数据安全的问题。

本教材以系统、实用和全面为设计理念，结构清晰，案例丰富，从学术研究和行业观察的角度对新媒体营销进行深度剖析，以期帮助读者更好地把握新媒体营销的本质和趋势。

最后，我们要感谢参与本教材编写和出版过程的所有人员，尤其是苏州大学传媒学院王国燕教授和清华大学出版社编辑施猛老师，感谢他们的辛勤工作和专业贡献。希望本教材能够成为读者在新媒体营销领域的得力助手，帮助他们更好地应对挑战、把握机遇，开创新媒体营销的美好未来。

张　可

2023.12.12

目 录

绪论 新媒体概述……………………001
  0.1 新媒体的发展……………………001
  0.2 新媒体的内涵及特点……………002
    0.2.1 新媒体的内涵…………………002
    0.2.2 新媒体的特点…………………003
  参考文献…………………………………004

第1部分
新媒体环境下的营销

第1章 新媒体营销概述………………007
  1.1 新媒体营销的产生及特征………007
  1.2 新媒体营销思维…………………008
    1.2.1 用户思维………………………009
    1.2.2 品牌思维………………………009
    1.2.3 平台思维………………………010
  1.3 新媒体营销策略…………………011
    1.3.1 产品策略………………………011
    1.3.2 价格策略………………………012
    1.3.3 渠道策略………………………012
    1.3.4 促销策略………………………014
  1.4 新媒体营销发展现状……………015
    1.4.1 社交平台营销…………………015
    1.4.2 内容社区电商平台营销………016

    1.4.3 视频内容营销…………………017
    1.4.4 知识平台营销…………………020
  1.5 自媒体营销趋向…………………021
    1.5.1 自媒体营销的特征……………022
    1.5.2 自媒体营销的内容……………023
    1.5.3 自媒体营销的困境……………026
    1.5.4 自媒体营销的改进策略………027
  参考文献…………………………………028

第2章 新媒体时代的消费………………031
  2.1 新媒体时代的消费人群…………031
  2.2 新媒体消费者的特征……………032
  2.3 影响新媒体消费的因素…………034
    2.3.1 从用户角度……………………034
    2.3.2 从平台角度……………………035
  2.4 新媒体时代的精准营销…………035
    2.4.1 消费者分析……………………036
    2.4.2 产品的消费者到达……………037
  参考文献…………………………………038

第2部分
新媒体营销的媒介渠道

第3章 网站营销………………………041
  3.1 网站营销概述……………………041

3.1.1 网站营销的概念 …………… 041
3.1.2 网站营销的特点 …………… 041
3.1.3 网站营销的发展趋势 ……… 042
3.2 电子邮件营销 ………………………… 043
3.2.1 电子邮件营销的步骤 ……… 043
3.2.2 电子邮件营销的特点 ……… 045
3.3 搜索引擎营销 ………………………… 046
3.3.1 搜索引擎营销的要素 ……… 047
3.3.2 搜索引擎营销的特点 ……… 047
参考文献 …………………………………… 049

第4章 数字电视营销 …………………… 051
4.1 数字电视新媒体 ……………………… 051
4.1.1 数字电视新媒体的传播特点 …………………………… 051
4.1.2 我国数字新媒体的现状 …… 052
4.1.3 数字电视新媒体的发展趋势 …………………………… 053
4.1.4 数字电视新媒体广告的类型 …………………………… 054
4.1.5 数字电视营销的特点 ……… 055
4.2 数字电视营销存在的问题 …………… 057
4.3 数字电视营销的发展建议 …………… 058
参考文献 …………………………………… 060

第5章 微博营销 ………………………… 061
5.1 微博营销概述 ………………………… 061
5.2 微博营销的模式 ……………………… 062
5.2.1 微博营销的方式 …………… 062
5.2.2 微博营销的角度 …………… 063
5.3 微博营销的策略 ……………………… 064
5.4 企业微博的运营 ……………………… 065
5.4.1 企业微博的运营原则 ……… 065
5.4.2 企业微博的内容运营 ……… 065
参考文献 …………………………………… 066

第6章 微信营销 ………………………… 067
6.1 微信营销概述 ………………………… 067
6.2 个人号和企业微信营销 ……………… 068

6.2.1 个人号营销 ………………… 068
6.2.2 企业微信营销 ……………… 070
6.3 朋友圈和公众号营销 ………………… 072
6.3.1 朋友圈营销 ………………… 072
6.3.2 公众号营销 ………………… 073
6.4 视频号和小程序营销 ………………… 075
6.4.1 视频号营销 ………………… 075
6.4.2 小程序营销 ………………… 076
参考文献 …………………………………… 077

第3部分
新媒体营销的创新模式

第7章 短视频营销 ……………………… 081
7.1 短视频的特点 ………………………… 081
7.2 短视频平台 …………………………… 082
7.3 短视频营销的现状 …………………… 084
7.4 短视频营销的受众 …………………… 085
7.4.1 从使用动机来看 …………… 085
7.4.2 从内容生产者来看 ………… 085
7.5 短视频营销的策略 …………………… 086
参考文献 …………………………………… 087

第8章 社群营销 ………………………… 089
8.1 社群营销的概述 ……………………… 089
8.1.1 社群营销的概念 …………… 089
8.1.2 社群营销的类别 …………… 089
8.1.3 社群营销的特点 …………… 090
8.2 社群营销的方式 ……………………… 092
8.3 社群营销的策略 ……………………… 093
参考文献 …………………………………… 094

第9章 直播营销 ………………………… 095
9.1 直播营销概述 ………………………… 095
9.2 直播营销的模式 ……………………… 096
9.3 直播营销的未来发展趋势 …………… 098
9.4 直播营销的活动步骤 ………………… 098
参考文献 …………………………………… 100

第10章 新4C营销 ……………… 103
10.1 新4C法则下的场景营销 …… 103
10.2 新4C法则下的连接营销 …… 104
10.3 新4C营销的发展趋向 ……… 106
参考文献 ……………………… 107

第4部分 新媒体赋能传统营销

第11章 新媒体环境下的视觉营销 … 111
11.1 视觉营销概述 ……………… 111
 11.1.1 视觉营销的概念 ……… 111
 11.1.2 视觉营销的类型 ……… 111
 11.1.3 视觉营销的重要性 …… 112
11.2 新媒体时代的视觉营销特点 ………………………… 113
11.3 新媒体时代的视觉新营销现状 ………………………… 114
11.4 视觉营销的发展趋向 ……… 115
参考文献 ……………………… 118

第12章 新媒体环境下的内容营销 … 119
12.1 内容营销概述 ……………… 119
 12.1.1 内容营销的概念 ……… 119
 12.1.2 内容营销的发展 ……… 120
 12.1.3 内容营销的作用机制 … 120
12.2 小说网站的内容营销 ……… 121
 12.2.1 网站采取的内容营销形式 …………………… 121
 12.2.2 用户生产内容(UGC)模式 …………………… 121
 12.2.3 内容营销与用户的交互 … 122
 12.2.4 内容营销对品牌定位的弊端 …………………… 122
12.3 微信公众号的内容营销 …… 123
 12.3.1 微信公众号内容营销的特点 …………………… 123
 12.3.2 微信公众号的内容营销模式 …………………… 124
 12.3.3 微信公众号的内容营销策略 …………………… 125
12.4 内容营销的用户定位 ……… 125
参考文献 ……………………… 127

第13章 新媒体环境下的体验营销 … 129
13.1 体验营销概述 ……………… 129
 13.1.1 体验营销的发展 ……… 129
 13.1.2 体验营销的特点 ……… 130
 13.1.3 体验营销的操作方法 … 131
 13.1.4 体验营销的种类 ……… 131
 13.1.5 体验营销与新媒体相结合的优势 ………… 132
13.2 体验营销的应用 …………… 132
 13.2.1 线上线下的闭环式体验营销 …………………… 132
 13.2.2 加强体验感的场景营销 … 133
 13.2.3 营销中的沉浸式体验 … 134
 13.2.4 展望未来：游戏中的体验营销 …………………… 135
参考文献 ……………………… 135

第14章 新媒体环境下的病毒营销 … 137
14.1 病毒营销概述 ……………… 137
 14.1.1 病毒营销的概念 ……… 137
 14.1.2 病毒营销的特点 ……… 138
14.2 病毒营销的传播策略 ……… 139
14.3 病毒营销的发展趋势 ……… 140
14.4 病毒营销的典型案例 ……… 141
 14.4.1 蜜雪冰城主题曲走红网络 …………………… 141
 14.4.2 "羊了个羊"微信小游戏爆红之路 ……………… 142
参考文献 ……………………… 144

第5部分 新媒体营销下的伦理道德

第15章 新媒体营销与用户数据挖掘 147
- 15.1 大数据挖掘的发展 ············ 147
- 15.2 新媒体电商直播用户数据挖掘的架构 ············ 148
  - 15.2.1 电商直播平台用户数据挖掘框架 ············ 149
  - 15.2.2 电商直播平台用户数据挖掘流程 ············ 150
- 15.3 新媒体电商直播用户数据挖掘的方法 ············ 151
- 15.4 新媒体电商直播用户数据挖掘的应用 ············ 152
  - 15.4.1 面向电商直播平台的数据挖掘应用 ············ 152
  - 15.4.2 面向用户的数据挖掘应用 ············ 154
  - 15.4.3 面向电商的数据挖掘应用 ············ 154
- 参考文献 ············ 155

第16章 新媒体精准营销与用户隐私 ············ 157
- 16.1 精准营销引发的隐私担忧 ··· 157
- 16.2 精准营销下的隐私保护 ······ 159
- 参考文献 ············ 161

第17章 新媒体营销与媒介素养 ······ 163
- 17.1 用户媒介素养概述 ············ 163
  - 17.1.1 用户媒介素养的概念 ··· 163
  - 17.1.2 用户媒介素养的特点 ······ 164
- 17.2 新媒体营销与用户媒介素养结合案例 ············ 166
- 17.3 新媒体营销对媒介素养的新要求 ············ 167
- 参考文献 ············ 168

绪 论　新媒体概述

0.1　新媒体的发展

从时间维度上看，远古时代，媒体几乎是不存在的，直到语言的出现，人类之间才有了交流信息的可能。虽然口语的出现和使用能够帮助人类传播信息，但是人与人之间的交流通常需要实际的物品作为中介，因为这种口语传播的方式是相当有局限性的：一是口语本身所能承载的信息量有限；二是其能够传播的信息种类有限；三是信息保存相当困难。在这些问题的促使下，文字作为一种信息传播和记载的工具得以产生。文字的发明让人类的历史能够更好地被记载下来，"媒体"也是在这个时期开始成型，比如甲骨文、古铜币、青铜器等，这些物品都表明信息已经以人们能够理解和接受的方式被记录和传播。随着技术的发展与进步，造纸术和印刷术相继出现，尽管这两项技术起步之初还存在很多局限和问题，但其传播效率已经远远超过了以往所有的信息传播方式，也让信息的传播更加系统和完善，丰富了人们的信息来源。1969年，互联网出现，全世界变成"地球村"，人类也就进入了互联网时代。由于互联网特有的便捷和普及，信息传播更加迅速，传播范围也越来越大。媒体对人们的生活的影响不断加深，它的价值与意义也在不断加大。

从新媒体发展的维度来看，自从移动互联网出现以来，新媒体和传统媒体就有了完全不一样的发展方向与发展趋势。从传播学的角度来看，报刊、广播、电视这三种传播媒体被看作传统媒体，与之相对的新媒体包括电子报刊、数字电视、手机等，还包括增强现实技术、虚拟现实技术等。新媒体的使用更加便捷，方式更加多样，为人们提供了更多的选择。

从媒体的维度来看，传统媒体与新媒体之间最根本的区别就是传播机制的不同，包括传播的形式、方法、流程等主要环节，还包括传播者、传播途径、传播信息的媒介以及信息接受者等这些组成部分。通过新旧两种媒体传播机制的对比，就能看出两者之间的不同之处。传统媒体是以一对多的方式进行的，资源更多地掌握在少数人的手中，这也让一小部分人成为能够真正处理信息资源的人，大多数人还是处于被动状态的接受者，这样的情况也让那一小部分人能够轻易管理信息的来源和调控信息的传播。而"发展到新媒体阶段，从信息传播的机制上来看，它与一般的传统媒体有巨大的差异，它的信息传播机制是多对多、全方位、立体的"[1]。在这种机制的影响下，信息源与受众之间的界限变得不再清晰，其在发布信息的同时，也可能因为同接收者间的互动而成为新的信息接收者，一开始的受众通过信息的反馈和再一次的传播也可能成为信息的来源。这表明在新媒体下，我们可能承担着两种身份，即信息的接收者和信息源，比如在微信、微博等平台，很多信息的受众也成为信息的发布人，很多信息都是自产自发的。尤其是随着移动通信的快速发展，网络信号的覆盖面不断扩大，人们可以随时随地拍摄视频、编辑文字或拍照分享，随时发表自己的状态和意见。除此之外，新媒体还具有较低的门槛以及更自由的氛围，这样的特点也渐进地改变着人们生活的方方面面。因为信息的接收和发布的成本降低，越来越多的人加入新媒体，分享自己生活的同时，也对世界有了更好更全面的了解。

0.2 新媒体的内涵及特点

0.2.1 新媒体的内涵

按照字面的语义认知，新媒体在概念上是相对于传统媒体而言的，是一种在某些领域里具有不同特点的新型概念。而所谓的传统媒体，即传统时代的媒体形式，有着相对传统的技术和模式。

在互联网这一肥沃土壤中快速发展的新媒体出现之前，传统媒体作为信息传播的载体属于当之无愧的主流，是当时绝对的媒体核心，其受众之广、技术之新、形式之多处于划时代的高峰。在这一时代，报纸、广播、电视、期刊等载体为当时的人们广泛接受，被视为传统媒体的重要形式。

随着军事工业的前沿技术向日常民生技术转化，互联网及其衍生的计算机技术应运而生，原本受众狭小的信息技术得以被更多地接触使用。衍生出的新媒体通过无线网络进行建构，以电子产品为信息终端实现通信，并在此基础上向用户提供了大量实时性、交互性的信息互动。

显然，新媒体的核心是互联网这一背景以及计算机技术。发达的现代通信技术对新媒体的发展起到了支柱作用。在当代经济社会急速发展的背景下，以此类技术为基础的媒体的外部形态、内部逻辑、使用模式以及实践方式都在经历一次革命性的巨大变革。

相比传统媒介信息而言的新媒体中的新型媒介信息传播渠道更为多元，传播方式更加多样，与此同时，传播的频率、广度以及随之而来的影响力也都发生了巨大变化。

0.2.2 新媒体的特点

1. 海量信息的实时性与交互性

基于大数据技术的应用，可以通过数据挖掘，分析并利用大量重要数据信息。数据新闻不同于传统新闻的报道内容，传统新闻可能由于片面性或时效性等问题并不准确，数据新闻抓取的数据量极为庞大，通过科学合理的传播，在收到良好效果的同时也提高了效率。不同的社交平台也为群众提供了自由表达的空间，社会舆论能够以更多形式反馈给传播者，双方形成互动。

2. 大众化的传播主体

新媒体消除了信息传播中发布者与接收者之间的边界，推动了信息的双向传播，为受众提供了充足的信息反馈空间。每一个人在不同的传递行为中都可作为信息的接收者，也可以在另一层面上成为信息的发布者。"传统媒体时代新闻只能由新闻机构发布，新媒体时代新闻发布的限制被打破，群众可以通过不同新媒体平台自由发布、分析和交流信息，每个人都成为新闻发布者。"[2]

3. 突出的个性化应用

通过设置以及兴趣推送，新媒体的信息传播可以有针对性地面向个人，将信息选择性地传递给其认为感兴趣的指定的目标受众，从而提高信息传播的效率和效果。

在当今技术急速更新换代背景下，传统媒体与新媒体并不一定处于此消彼长的状态，两者的深度融合已经成为不可逆转的历史潮流。新媒体虽然的确冲击了传统媒体的生存空间，造成其权能的萎缩，但其影响力仍然深刻，传统媒体与新媒体的优势融合对媒体产业的发展具有显著影响，属于"1+1>2"的正态反馈。

从传统媒体和新媒体的融合与发展可以发现巨大的进步空间，既能囊括传统优势，也能包容新兴技术，是不可逆转的潮流，在当下有着可供研究的现实意义。两者间的有机融合能够为新媒体快速发展提供契机，进而助力媒体传播形态的有效创新，助力新媒体实现转型跨越，创造全新的发展样态。

从2011年至今，知乎一直在努力从一个小部分精英讨论平台转型成为大众知识论坛，而其商业化进程也一直受到大众的密切关注。从近些年的反馈来看，知乎在探索商业化的进程上一直未停止过脚步，从原生广告的引进到机构号的创建再到知乎Live的出现，说明知乎一直努力通过和高质量精英用户一起探索，摸索出具有知乎特色的商业化道路。最近，知乎终于交上了最终答卷。它提出了"知识营销"的概念。其副总裁高强表示，在如今科技高速发展的今天，消费也随之高速升级，消费者不再满足简单的"知其然"，他们进一步要求"知其所以然"。同时品牌将目光投向了知乎这一新媒体知识平台，他们通过知乎向用户与消费者传输其企业知识与文化，进行深入浅出的企业营销。

而知乎相较于其他平台而言，高质量的知识分子群体用户也决定了它的商业化道路会走得比较顺畅。大部分用户对于"知乎开始植入商业化广告"的问题持客观冷静的态度，他们表示自己讨厌的只是单方面高高在上的说教，而对能真正获得知识的"广告"都持赞同态度。

参考文献

[1] 王云才. 新媒体环境中犯罪模仿研究的思考[J]. 净月学刊，2014(4)：31-34.

[2] 李荣华. 新媒体发展及其社会影响分析[J]. 中国报业，2022(14)：34-35.

第1部分

新媒体环境下的营销

新媒体营销概述

新媒体时代的消费

第1章 新媒体营销概述

新媒体营销产业因其广泛性、便捷性以及智能性等特点具有无穷的发展潜力,被广泛运用于企业的宣传策略之中,只有掌握好用户思维、产品策略等新媒体营销策略,才能够真正做好新媒体营销,做大做好企业的品牌。

1.1 新媒体营销的产生及特征

1. 新媒体营销的产生

伴随着互联网的快速发展,Web2.0以及Web3.0革新的网络时代到来,媒介数量迅速增长,媒介功能迅速扩展,"这些发展也为信息的传递提供了多样化的媒介,从而创造出了商业价值"[1]。企业的营销思维也产生了巨大的变化,营销不再仅限于以传统媒体为载体,而是向更注重体验感、沟通感、创造性和关联性的互联网新媒体营销发展。正是基于微信、微博、搜索引擎、博客等媒体形态,企业才可以借助新媒体对产品形象进行塑造宣传、拓展销售网络、开拓市场,尽最大可能满足用户需求,进而达到营利目的。新媒体营销以企业客户为主导,通过新兴的媒体手段对企业形象和品牌服务进行广泛深度宣传,以加深用户对企业的认识,从而达到从推广品牌到实现营销服务的整体营销效果[2]。新媒体营销作为互联网信息技术与时代环境对接而形成的新营销方式,为企业展示优秀的品牌形象、获得高效的营收、解决客户需求创造了新机会。

2. 新媒体营销特征

(1) 应用载体广泛。新媒体营销是以互联网技术为依托的,所有的互联网产品都可以成为新媒体营销的应用载体。新媒体营销的应用载体主要分为PC端媒体和移动端媒体两大类。随着科技与时代的进步,新媒体营销的重点越来越偏向于移动端媒体,但不可否认PC端媒体在新媒体营销初期的重要价值。PC端媒体是网络媒体的早期形式,大部分的早期新媒体都出现在PC端,如搜索引擎竞价推广、搜索引擎优化推广等,为后来移动端的新媒体营销奠定了坚实的基础,其推广机制是按照用户点击量计费的,具有见效快但成本高的特点,也有恶意竞争的可能性存在。而移动端媒体是以智能手机、平板电脑等移动终端为传播载体的新兴媒体形态,具有可移动性与便携性的优势。

(2) 准确定位用户。随着移动终端的普及，用户对移动终端的接触频率大大高于PC端，移动终端广泛记录下用户的行为习惯、评论态度等。广告主可以通过数据抓取工具来获得用户的这些反馈，再通过大数据分析工具总结用户特征，绘制用户画像。通过这种方式，企业就可以轻松找到目标用户，从而精准投放广告。这种方式有利于帮助企业迅速锁定目标用户，实现精准营销，迅速提升变现效率，同时也能够在一定程度上节约搜索成本。但是，在这种方式下，一些用户会感觉自己的隐私受到了侵犯，有可能对企业或者平台产生排斥感，给品牌造成不利影响。

(3) 拉近用户距离。相较于传统媒体被动、单一的传播方式，企业在新媒体传播中可以通过网络技术与用户进行密切互动，完全跳脱出时间与空间的阻隔，极大地提升了营销效率。使用新媒体营销，不仅可以在很大程度上节省营销成本，还可以在短时间内积累大量的良好口碑，同时"还会监督品牌和产品不断提升自身服务的质量与性能，提升产品的核心竞争力，逐渐形成良性循环，扩大品牌影响力"[3]。

此外，新媒体打破了传统媒体滞后性环境下受众被动接受的局面，受众可以对企业发布的信息畅所欲言，而对于企业和品牌来说，激烈的讨论意味着更多的关注和更强的热度。通过线上交流，企业可以为用户答疑解惑，用户也可以对企业的产品评头论足，为企业改进设计、提高产品质量提供第一手资料，企业因此避开盲目投放市场的风险[4]。比如，很多企业都会设立自己的官方微博账户，并在这些平台上设立反馈机制、抽奖活动、新品试用活动，加强企业和用户之间的双向沟通，打破了以往的单向沟通模式，并根据体验者提出的反馈和意见进行产品的完善，这些举措都在无形之中拉近了企业和用户之间的距离。老乡鸡就是利用微博拉近用户距离的典型，虽然每天只是无厘头的"咯咯哒"营销文案，却能够迅速得到用户关注，并适时创造笑点、伏笔，实现持续热度，助力营销。

(4) 营销成本较低。目前，新媒体营销被认为是成本较低的营销活动，虽然有些新媒体平台的广告投放价格很高，但是广告产生的效益价值也很高，所以性价比依然高于传统媒体。企业可以利用自身的新媒体平台进行营销，例如在小程序、App等软件上推送产品信息，将产品的概念渗透到消费群体当中[5]。现在许多奶茶品牌都会使用自己的微信公众号、小程序等宣传新品、发布用户福利等，用相对较少的成本实现营销价值最大化。

1.2 新媒体营销思维

在移动互联网时代，新媒体发展的关键就是新媒体思维的运用。要想实现新媒体的营销，就要利用一系列的新媒体思维去创造出有价值的内容。

1.2.1 用户思维

用户思维是新媒体运营的核心思维。用户需求永远是运营工作的向导,企业在制定自身目标、收集产品需求、开发研制产品、运营等环节都应该以用户为核心。不仅如此,产品能否让用户拥有良好的产品体验以及企业的服务态度都直接影响了客户对于企业的好感度,而客户的好感度又直接影响到企业的发展[6]。

1. 用户需求的挖掘

用户思维要求企业在深度理解用户的基础上,挖掘用户需求,解决用户问题。而挖掘用户需求的关键就是做好市场定位、品牌和产品规划,关注用户体验。在这一方面,蜜雪冰城就是一个成功的典型。蜜雪冰城自成立之初就把追求活力时尚和高性价比的年轻群体作为主要目标群体,为他们量身设计高质平价的茶饮产品,其产品融合了食品的美味享受和健康的饮食理念,受到年轻人的喜爱。

挖掘用户需求较为常用的方法是用户分析。通过对用户心理、用户特征、用户信息等的搜索与分析,发现用户未被满足的需求、急需解决的问题等。一般而言,企业在进行用户需求挖掘的过程中,最主要的目的是让用户成为粉丝。在新媒体营销下,企业可以通过广泛的用户数据,向不同用户提供个性化的服务,以高效精准地满足用户需求,提升用户对该产品的忠实度。与普通用户相比,粉丝会为品牌投注感情因素,是企业最优质的目标消费用户。

2. 用户需求的运营

用户思维的运营是更加人性化的运营,它通过探索用户心理的卖点和痛点提升运营效果。

运营用户卖点的重点在于运营用户的口碑,在产品的不同阶段可以打造不同的口碑重点,如小米前期面对专业级用户的广告语是"为发烧而生",而运营后期面对大部分普通用户的广告语是"探索黑科技"。

运营用户痛点是指强调现有设计的缺陷或用户需求,以此向用户展示解决痛点的决心和期待。

近年来,用户思维不再仅仅出现在企业营销的过程之中,"适老化""无障碍使用""青少年模式"等,都是平台深耕用户思维的体现,只有激发起用户的购买欲望并使其接受产品,才能为之后的营销夯实基础。

1.2.2 品牌思维

品牌是企业的名片,是企业价值的体现,是用户对企业及其产品、售后服务、文化价值的一种评价和认知。创建并使用品牌思维，对于一个企业夯实基础并加速扩展具有重要价值。

1. 品牌形象的树立

由于品牌效应的影响，用户通常会优先选择品牌知名度更高、身边的人常用的产品。因此，通常品牌影响力越大，用户的购买欲就越高，用户黏性和用户忠诚度也会越高。在用户心中营造品牌概念是为了给用户树立一个鲜明的、独一无二的品牌形象，打造品牌的独特价值，吸引用户关注，获得用户信任，让用户认可品牌。比如肯德基的"疯狂星期四"就是非常成功的新媒体品牌营销案例，巧妙地利用简短易懂的标语，打造了一场狂欢，也再一次打响了自己的品牌。企业对品牌形象的打造主要从以下两个方面进行。

(1) 产品分析。产品分析围绕产品进行，只有做好产品才有可能做好锦上添花的营销。一般可以使用层次分析法及递进分析法来进行产品分析，进而确定产品定位、目标用户、使用场景、需求分析、产品易用性等要素。

(2) 策略分析。策略是指企业在推广一项产品或服务前，对于该产品或服务的特色优势进行差异化品牌营销的过程，主要有品牌化决策、品牌归属决策、品牌质量决策、品牌数量决策、品牌延伸决策以及多重品牌决策。

2. 品牌宣传

品牌要想被用户知晓就需要进行宣传，宣传平台有传统媒介和新媒体两种。

(1) 传统媒介宣传。报纸、杂志、电视、广播等传统媒介宣传的优势虽然没有新媒体明显，但仍有一定的价值：一是扩大宣传的覆盖面；二是有一些受众群体为中老年群体的企业仍然可以通过传统媒体的形式触达用户。

(2) 新媒体平台宣传。新媒体平台宣传是目前品牌推广的主要方式，不仅宣传力度更强、更高效，而且其成本相对传统媒介更低。目前，更多企业和品牌开始在营销活动中部分或较大程度上使用新媒体营销方式，微博、微信等社会化媒体成为企业品牌宣传的主要平台。并且，由于短视频的迅速发展以及短视频迅速变现的特质，营销活动逐渐从原来的图文形式向短视频形式转变，同时也逐渐从追逐公域流量向扩展私域流量发展。

1.2.3 平台思维

新媒体运营的平台几乎都是社会化媒体平台，用户可参与创造或单独创造内容，这就要求企业要善于利用多种新媒体平台，重塑组织管理和商业运作模式，实现与用户的互动交流，并通过新媒体平台实现运营推广[7]。

1. 使用新媒体平台

当今时代，口碑传播在新媒体平台可以产生巨大的裂变效果，为企业带来十分可观的运营收益。如餐饮行业中口碑营销的佼佼者——海底捞秉承"顾客至上，服务至上"的宗旨，凭借其细致的服务获得了用户的众多赞誉。用户通过微博、微信等新媒体平台分享了海底捞的服务细节和愉悦的消费体验，引发了网友对海底捞的热切关注和讨论，使其通过用户的口碑传播实现了品牌形象的塑造与宣传，建立了其在餐饮界的重要地位。

2. 众包协作

众包，这一概念是由美国《连线》杂志的记者杰夫·豪(Jeff Howe)在2006年6月提出的，他对"众包"的定义是：一个公司或机构把过去由员工执行的工作任务，以自由自愿的形式外包给非特定的(而且通常是大型的)大众网络的做法。众包的任务通常由个人来承担，但如果涉及多人协作完成的任务，也可能以开源的个体生产的形式出现。众包是互联网时代的产物，强调社会差异性、多元性带来的创新潜力，即携手用户共同实现产品的协同创新，让用户真正成为产品的生产者和消费者[8]。最早收获众包协作营销红利的是美国芝加哥的"无线T恤公司"，它每周都会在网站上收到上百件来自业余粉丝或艺术家的专业投稿，公司将用户创新的产品设计放到网站上让消费者评论投票，最终将得票数高的T恤送入工厂进行批量生产。在这样的模式下，消费者的参与感及满意度大大提升，企业的设计成本也极大降低。

1.3 新媒体营销策略

随着移动互联时代的到来，品牌与企业的营销策略以及营销手段变得更加复杂。但总体来说，无论是传统营销强调的消费者在消费过程中的交流性与现实感，还是现阶段的新媒体营销强调的在新媒体平台的互动性，均围绕着4P(product、price、place和promotion)营销理论展开营销策略布局。笔者以完美日记和元气森林为例，阐述品牌使用新媒体营销策略的价值。

1.3.1 产品策略

1. 品牌策略

在新媒体营销中，有关产品的营销策略是从研究细化自己的品牌战略开始的。只有明确自身的品牌定位，才能更加清晰、精准地告诉消费者企业产品的差异化优势，让消费者形成品牌认知。例如完美日记对自身定位在很大程度上适应了现阶段消费者的消费观念，打造出一系列美观精致且拥有专属时尚理念的新潮彩妆产品。元气森林亦是如此。

完美日记将自己的目标受众定位为年轻女性，致力于为新一代中国年轻女性提供时尚彩妆产品；元气森林抓住国家提倡"健康中国"的风口，将自己精准定位在零糖赛道，在获得一定规模的关注后，在零糖这条道路上越走越宽广。

2. 服务策略——消费者

在新媒体时代进行营销的好处便是非常方便品牌与企业洞察消费者心理。伴随着移动互联网成长的现代年轻人，非常喜爱在社交媒体分享自己的喜好与观点态度，只要通过大数据挖掘的形式便可快捷地了解消费者心理。完美日记在进行产品开发时，便是将目光聚焦在社交媒体上，一切围绕品牌的目标群众，对于目标用户进行深度挖掘与了解，敏锐地感触到市场发展的趋势，推出深受粉丝喜爱的一系列产品。元气森林也是在经过一系列的市场调研后，了解到年轻用户对于日系包装的偏爱，确定了现有的日系设计风格。

3. 组合策略

在产品策略中，组合策略表现为推出一些联名产品。完美日记的营销策略便包括组合策略营销方案，与中国国家地理杂志、纽约大都会艺术博物馆等的联名产品都获得了非常不错的成绩。这在传统的营销策略中都是很难实现的。

1.3.2 价格策略

在新媒体时代，品牌与企业更加专注于消费者的真实需求，以客户为中心开展服务与工作，并将自身的服务质量和服务水平进一步提升[9]。完美日记根据自己的消费群体打造了价格低廉、产品构成新颖的一系列高性价比产品。完美日记早早地便将价格定位于100元以下，主打"大牌平替"的品牌概念，完全符合刚参加工作不久以及还在校园中的年轻消费者的消费能力。高端的质量、平价的优势以及新颖的设计便构成了口碑良好的高性价比产品。所以在新媒体营销中，需要在准确定位自己的消费群体后，将品牌概念与产品价格以及消费群体结合起来，得到适合自己的价格区间。元气森林的价格策略亦是如此，将品牌自身的定位与价格相结合，用高质量的产品以及高投入来配合较贵的定价。

1.3.3 渠道策略

相比于传统营销的线下方式，在新媒体时代，很多品牌靠互联网渠道扩大了品牌知名度，进而逐渐成长起来。新媒体的开放性与互动性，受到了许多消费者以及商家的喜爱，这也是新媒体营销方式更加多元化的原因。如何在新媒体时代做好渠道营销，完美日记也有一份完美的答卷。

新媒体相比于传统媒体而言有着较强的优势，首先便是受众基数大；其次便是具有极强的互动性，受众可以进行主观选择以及主观评价；最后便是可以非常直观且形式多元地传递信息，通过新媒体平台这一载体实行营销。基于此，在新媒体平台投放营销活动要比在传统媒体进行营销要有效率得多。

完美日记便很好地抓住新媒体的这些特点扩大了品牌的影响力，实现了真正意义上的全渠道营销，在所有目标消费者可以接触到的在线平台上进行全方位推广。下面还是以完美日记为例，探讨新媒体营销的渠道策略。

第一，完美日记选择小红书作为其推广品牌产品的主要平台，在小红书上主要发布一些产品推广以及产品搭配创意分享，产出了数量可观的笔记内容。小红书作为现阶段年轻消费者尤其是女性消费者聚集的平台，深受消费者的喜爱。大家喜欢在小红书上寻找自己需要的分享笔记或者分享自己的日常笔记。素人的笔记分享对于完美日记的品牌推广起到了极大的推动作用，在小红书搜索完美日记，会出现十万多篇的笔记，大多数都是素人自己的体验，以及在生活场景中的应用，这让其他用户产生共鸣，并增加了最开始一批的用户对品牌的信任。

第二，完美日记精准地选择了抖音和哔哩哔哩(也称B站)作为产品内容营销以及直播的主要短视频平台。用户70%以上都是"90后"的抖音，是完美日记产品与目标消费者接触面最广的短视频平台，是其产品推广的不二选择；而B站作为"00后"聚集的视频平台，在未来将有很大的市场空间，完美日记依然牢牢聚焦于自身的目标消费人群。完美日记选择它们，便是看中了它们现阶段的传播能力以及未来的潜力。

第三，微博作为一个功能多元化的平台，也是美妆行业的主战场，完美日记通过在微博上邀请诸多KOL带动话题，引起消费者关注，推广完美日记的品牌概念，种草产品的性价比以及效果等，使得完美日记在微博上也取得了较高的热度。

第四，在种草以及推广上已经做得非常全面的完美日记同时另辟蹊径，在知乎开通账号，主要回答一些有关美妆产品的专业性问题，从专业的角度解读产品的功效以及实用性，从专业度入手增强了用户的信任感以及用户黏性。

除上述几种新媒体平台外，完美日记还在微信公众号以及快手进行内容营销，可以说是打通了全渠道的新媒体营销。但总体来说，营销内容的质量是营销是否成功的根本性因素，只有保证营销内容的优质，才能把握住这个全渠道曝光的新媒体时代。

1.3.4 促销策略

新媒体时代的促销不同于传统营销,营销的力量要足够雄厚。

1. 聚焦KOL推广

在促销策略中最广为人知的便是聚焦KOL(key opinion leader,关键意见领袖)推广。KOL通过日常分享和对话互动走近消费者,让信息离消费者更近,让信息对于消费者更有用,拉近品牌与消费者的距离,深度触及用户,引导其消费[10]。并且现阶段的女性消费者对于KOL是十分信任的,完美日记也是格外看重KOL群体所带来的潜在消费者,合作了数量惊人的KOL,在各个平台传达品牌信息。相较于头部KOL,位于中间的KOL才是真正实现种草的角色[11],消费者更愿意信任素人博主传达出的信息,这也意味着产品的内容距离消费者更近。

2. 推广品牌联名

品牌通过聚焦KOL让品牌垂直且更深入地触及用户,那么在宣传逐渐成熟后,打造品牌联名便可以打破品牌的边界,增加品牌的影响力。品牌通过跨界合作,打造多方面不同的内容与产品,给消费者制造意料之外的惊喜。完美日记便秉持"万物皆可联名"的原则,跨界寻求能够为品牌赋予不同意义的合作对象,推出了一个又一个爆款产品。例如,完美日记与中国国家地理杂志以及纽约大都会艺术博物馆的合作都擦出了不一样的火花。

3. 运营私域流量

在所有消费者能接触的新媒体平台进行推广后,忠实消费者的保留以及复购也是极为重要的。这就涉及私域流量方面的运营。对于许多产品来说,微信是打造私域流量池最好的平台。微信拥有朋友圈、小程序、微信群、视频号等丰富的社交圈,完美日记通过"微信个人号+微信社群+直播+微信小程序"的私域流量池运营沉淀了一批忠实用户,与其他的美妆品牌拉开了竞争差距。同时完美日记开设线下门店,发布福利吸引用户关注微信社群。

完美日记在运营私域流量时首先便对用户进行精细化管理。每个完美日记的快递都会有一个红包卡片,用户通过扫码关注公众号、"小完子"个人号等来获得几块钱的红包。完美日记只需要几块钱的成本就可以获得一个公众号粉丝、个人号好友以及微信社群成员甚至是品牌粉丝。同时完美日记在小红书、天猫、抖音等各个公域流量平台发布线下店铺的相关信息,以在线下店铺送礼物的形式吸引消费者进入完美日记自建的微信社群,达到将流量从公域导流到私域的目的。

在数百个微信个人号中,"小完子"这个人物IP会化身为用户的美妆顾问,通过发布美妆内容、日常分享等引发用户的持续关注和讨论。不同的个人号根据不同的用户需求与兴趣，可以展示不同的内容动态以及促销活动，制作有针对性的文案，对用户进行精准营销投放，在增强用户黏性的同时拉近用户与品牌的距离。

完美日记能够达到如今在美妆行业的规模和地位，营销是关键的一环。无论是从营销的策略上，还是从具体的做法上，完美日记的品牌营销都能给我们带来很大的启发。KOL推广、品牌联名、私域流量运营等，人人皆知这些是品牌获取流量进行流量变现的手段，但是如何通过这些手段高效、精准地获取客群流量，并最终完成流量的留存和转化，在新媒体营销策略中是十分重要的，完美日记凭借新媒体营销策略，稳坐彩妆品牌销量前10，成为国货之光。

1.4 新媒体营销发展现状

随着移动互联网技术的发展，微博、抖音、微信等社交媒体在人们生活和工作中得到了较为广泛的应用，极大地改变了人们沟通交流的方式，在一定程度上提高了消费者的生活质量。"同样企业也迎来了新的发展机遇，企业要想实现自身的进一步发展就必须不断对自身市场营销手段进行改进，注重对新媒体的应用，而新媒体营销便是企业以新媒体发展为基础，将新媒体作为推广工具进行宣传的一种有效的营销活动，以求扩大自身的竞争优势，实现利益的最大化。"[12]目前常见的新媒体营销方式包括社交平台营销、内容社区电商平台营销、视频内容营销、知识平台营销等多种形式。

1.4.1 社交平台营销

新媒体作为信息传播的载体，以互联网和衍生的计算机技术为技术基础，使得新时代的信息传播更为便利。传统媒体时代，人们社交途径较为狭窄，在此背景下衍生的企业营销不仅扩散范围小，同时成效也不明显。在以新媒体平台为推广媒介和贩售渠道的新型营销冲击下，传统营销模式已然面对着严峻挑战。

社交类软件为流量大、覆盖广、传播快的新媒体应用，以之为平台的新媒体营销层出不穷。

1. 微博

微博作为流量最大的社交类应用，其作品大多是以瀑布形式的图文流呈现。无止境的内容上传和精准覆盖能让用户快速了解到广告产品，而公域网络的使用确保了该平台的用户来源极广，企业产品的病毒式营销能够迅速吸引大量用户的关注，从而进行造势。

而微博KOL，即各种大V或热门博主，他们的存在能够引导受众的风向标，造就潮流。通过营销培训，此类KOL传播者传递的信息已经脱离了直白突兀的广告信息，进化成经过加工的、具有更大吸引力和信任度的推广软文，可以通过博主的经验分享来突破消费者的戒备心理，由此促使受众从普通信息接收者到积极产品购买者，甚至产品信息传播者的转变。

2. 贴吧

贴吧相较于微博这一社交软件更强调以兴趣为导向，志同道合的人可以在此建立社群，发帖的审核机制也较为宽松，接收渠道相对而言更加私人化。

与此对应的新媒体营销以软文植入或弹窗广告为主，相对来说，此类营销的信任度不高，但胜在能够针对以社群为单位的目标用户进行精准投放。如美妆吧即可投放各类美妆产品广告，在其下的不同板块，如口红、粉底液、护肤品等还能继续细分，这种细分化的精准投放在一定程度上降低了营销成本，避免了不必要的营销支出。

3. 微信

微信作为熟人社会最常使用的社交通信类软件，以之为营销平台的企业产品利用口碑传播的原理，依靠共同好友之间的分享转发，让产品的信息迅速蔓延，迅速达到推广的目的。虽然以共同好友为传播链接的传播对象相对较窄，但这种人际传播的渠道本身就有坚固的信任网络，可以迅速提高信任度和可信度。

例如朋友圈集赞类的产品营销，就可以以个人为单位辐射到整个朋友圈，而著名的六人定律又注定彼此的朋友圈有重合，这种对产品信息的强制曝光可以使得品牌知名度迅速提高。

1.4.2 内容社区电商平台营销

内容社区电商平台营销是以内容社区平台为核心所开展的电商行为，是中国普通电子商务的渠道升级，通过信息变现的手段来实现电子商务营销。在内容社区电商平台营销下，人们在社交平台上互动、讨论、分享、交流商品，从而引导人们进行购物。小红书以及哔哩哔哩会员购就是近年来社交电子商务的两个典型代表。

1. 内容社区电商平台营销的好处

电商以新媒体内容社区为平台有以下几个好处。

(1) 涉及商品范围广泛。以新媒体内容社区为平台，商品内容如瀑布一般呈现给受众，可涉及多个领域、多个角度。

(2) 给用户强烈的亲切感。以社交电子商务的典型代表小红书为例，其平台上的笔记都是用给人以亲切感的第一人称来书写的，这大幅度增加了使用者的真实感。除此之外，作为社交平台，小红书上的用户可以直接与其他用户交流，与分享者进行深度沟通，用一些话术(如"这个眼镜好看，质量怎么样")拉近用户与分享者之间的距离，增加用户对分享者推荐的商品的购买欲望。

2. 内容社区电商平台营销对用户心理的影响

当电商选择新媒体内容社区作为营销平台对用户的心理也会产生一定的影响。

(1) 好奇心理。因内容社区电商平台智能化的推荐与社区轻松氛围的营造，年轻人特别是女性用户群体会感受到强烈的共鸣。小红书还会通过新媒体大数据算法对女性用户群体的需求进行智能化推荐，向她们展示新奇的产品和内容，从而引起她们的好奇心。

(2) 从众心理。新媒体平台上博主们光鲜亮丽的生活与琳琅满目的商品会让用户产生盲目的从众心理，同时也会增加窥探的欲望，如有些网红、明星等入驻小红书平台后，粉丝与路人就会产生窥探心理，想去侧面了解明星的私人生活，当看到明星私人生活中使用到的商品时，会产生从众心理，想要购买同款。

1.4.3 视频内容营销

视频内容营销是指企业或个人利用视频平台账号发布产品信息视频，进行产品使用、测评、讲解或剧情演绎的一种营销方式。视频内容营销是比较流行的新媒体营销方式，目前主要以短视频营销、直播营销为主。

1. 短视频营销

1) 短视频营销的发展

"我国短视频的开端可以追溯到2005年，优酷、土豆等视频网站以拍客模式为核心，鼓励用户进行短视频的创作。"[13]这一阶段可以看作短视频发展的"萌芽期"，但由于当时我国互联网发展尚未成熟，短视频的制作、观看成本相对较高，难以吸引广泛的用户参与到创作、分享中，企业的营销活动仍然依靠电视、纸媒等传统媒体。

"2011年，'GIF快手'出现，这是一款制作、分享GIF图片的手机应用。2012年11月，'GIF快手'改名为'快手'，从纯粹的工具应用转型为短视频社区，成功进军短视频领域，用户可以在App上记录、分享自己的生活片段。2013年，腾讯推出'微视'，'秒拍'同年诞生并被新浪微博内置。2014年，'美拍'上线。"[14]2011—2014年这一时期可以看作短视频的"探索期"，大量短视频App快速涌入市场，产生了移动互联网时代的第一批用户。

2015年，短视频开始进入"发展期"，4G网络和智能手机的普及让越来越多的用户开始接触短视频，互联网企业巨头也开始加快短视频领域的布局。"字节跳动依托旗下的抖音、西瓜视频等多个App打造短视频矩阵，希望通过不同的产品定位促进短视频用户的增长。同年，百度推出'好看视频'App，腾讯也宣布重新推出微视。"[15]"梨视频也于2016年上线,是新闻资讯类的短视频平台。"[16]与此同时,短视频UGC(user generated content,用户生成内容)的发展已初具规模,诞生了一批网红和热点话题,如Papi酱通过个性鲜明且风趣幽默的吐槽视频火爆全网。这一时期短视频的商业模式逐渐清晰,"粉丝经济"的概念走红,短视频创作者主要依靠信息流广告变现。"短视频的内容策划、制作、渠道分发、粉丝经验、流量变现等各个环节的专业化分工更加明显,初步形成了较为完整的产业链。"[17]

2018年,短视频的发展正式进入"成熟期"。艾媒咨询《2020年中国短视频头部市场竞争状况专题研究报告》显示,"2020年我国短视频用户规模将增长至7.22亿人,市场规模或有望直接突破400亿元。国内两大短视频App抖音、快手牢牢占据领导地位,月活跃用户(monthly active users,MAU)分别达到4.7亿和3.7亿人"。[18]商业模式除了信息流变现外,电商购物、增值服务付费等模式也逐渐成熟,出现了专业的MCN(Multi-Channel Network,多频道网络)传媒公司从事短视频的创作、分发、保障内容的持续输出。除了UGC(user generated content,用户生成内容)、PGC(professional generated content,专业生产内容)和PUGC(professional user generated content,专业用户生产内容或专家生产内容)也得到了飞速成长,各类品牌企业、媒体、政府机构纷纷着手打造属于自己的"视频号",都希望通过优质的短视频内容吸引用户,获得品牌曝光并促进转化,短视频垂直细分趋势愈发明显。

2) 短视频营销的特征

任何营销形式或营销工具的使用都有鲜明的特征,短视频营销也不例外,其主要特征有以下三点。

(1) 以满足用户需求为第一目的。随着移动互联网、应用软件和智能设备的普及和成熟,人们对于媒体内容消费、碎片化趋势、自我表达和社交等需求不断扩大,图文、音频和长视频等内容无法充分满足现在人们的需求,而短视频因其具备时长短、体量轻、内容生动丰富、互动性强等特点,依托短视频平台的推荐算法,可以让用户在有限的时间内看到更多自己喜欢的内容,并进行转发、点赞、评论等互动操作,满足了用户的需求。同时,以短视频为核心的短视频营销,也是在满足用户新需求的前提下展开的。短视频营销能够精准定位用户群体,了解用户想看的内容类型及特点,通过视频内容满足用户娱乐消遣等需求,同时深化用户对企业品牌、产品或服务的认知,缩短企业与用户之间的距离,刺激用户潜在的消费需求,并引导更多用户参与互动以提升短视频热度。

(2) 以数据结果为重要导向。数据的价值对于短视频营销也是格外重要的,这不仅是短视频被平台算法推荐成为热门的衡量指标,也是创作者用以评估营销效果的关键。目前短视频营销的关键数据大致可以分为"完播率""点赞量""评论量""转发量"

等。[19]这些数据将直接影响短视频平台(如抖音、快手)是否会对作品进行流量扶持,并最终决定营销效果的好坏。此外,短视频营销也注重长期的运营,需要了解粉丝增长趋势、点赞增长趋势、评论增长趋势、粉丝用户画像、竞品数据分析以及电商数据等。短视频营销依靠互联网短视频平台,可以较为容易地获取相关数据,通过调研、分析这些数据能够建立合理的量化评估体系,深入了解业务并根据市场的新动态及时调整思路。

(3) 以优质内容为核心竞争力。短视频营销依靠短视频内容与用户产生互动,并以此来实现商业目的,而只有优质的内容才会被推荐给更为广泛的用户,这也是企业掌握短视频营销核心竞争力的关键所在。"短视频营销中的优质包含了三个方面:第一,视频内容优质,还包含了画面精美、音乐适当、声音清晰、内容流畅易懂、趣味性强等;第二,互动性强,主要体现在视频内容可以唤起用户的情感共鸣,选取的话题可以刺激用户的表达欲望;第三,与用户匹配度高,只有当好的内容匹配到目标受众群体时,才可以称得上是'优质内容'。"[20]所以短视频营销不仅需要将内容做好,还需要着重于某一个垂直领域的耕耘,了解这一领域的用户画像,利用精准营销发现并投放给目标用户,不断扩大企业的影响力,形成一定规模的忠诚粉丝群体。

3) 短视频营销平台及其比较

(1) 分类。七麦数据(2020年10月)显示,以"短视频"为关键词搜索到的短视频App有近百种,大致可以分为以下两类。

一类是综合类短视频平台,以抖音、快手、微视为代表,其用户可以轻松记录、分享日常生活片段,观看丰富的短视频内容,并与其他用户互动交流。另一类是细分领域类短视频平台,一是新闻资讯领域,以梨视频、西瓜视频、看点视频为代表;二是短视频社交领域,以Before避风为代表;三是女生视频社区领域,以美拍为代表。

(2) 比较。目前,抖音和快手已处于短视频领域的第一梯队,我们以这两款App作为重点分析对象,比较异同和优劣,以便更好地理解短视频App的产品特点和运营方式。

① 产品定位。两者均是综合类短视频社区,抖音的标语是"记录美好生活",鼓励用户去创作更多的作品,记录和分享自己的生活,关注重点是"内容"。快手的标语由"记录世界,记录你"更新为"拥抱每一种生活",强调人与世界的关系,希望用户热爱生活并能够展示出自己真实生活中的酸甜苦辣,而不仅是"美好"的,关注重点是"人"。

② 用户画像。巨量算数《2020年抖音用户画像报告》显示:"抖音男性用户略高于女性用户,抖音在青年群体(19~35岁)中有着极高的渗透率,这部分用户占抖音所有用户的61%。"[21]抖音用户以一二线城市用户居多,近年来市场下沉趋势明显。快手大数据研究院发布的《2019快手内容生态报告》显示:"快手用户男女比例基本持平,

30岁以下的年轻人超过70%，除了继续稳固三四线城市用户外，快速向一二线城市渗透。"[22]总体来看，随着用户数量的不断扩张，两者的用户群体在未来将趋近重合。

③ 内容分发策略。关于短视频的内容分发策略，抖音和快手有着显著不同。"抖音早期的内容分发策略是中心化的，平台将主要的流量集中于头部内容上，对具备热门潜力的视频加大推荐力度，但随着后续的发展抖音也逐渐开始去中心化。而快手则是始终坚持去中心化，基于平等普惠的理念，将流量分散到腰部和尾部的视频上，给普通人更多展示自己生活的机会。"[23]在用户感知方面，抖音的视频显示完全基于算法推荐，用户无法选择自己想看的内容，只能依靠"刷"的方式上下快速切换视频。快手则通过双列视频的展示给予用户更多的选择空间，用户可以根据视频封面选择感兴趣的观看，增加了推荐的容错率。

④ 平台属性与商业模式。从用户黏性来看，快手用户有着比抖音更高的忠诚度，发表评论的积极性更高，方正证券《抖音VS快手深度复盘与前瞻》显示："抖音媒体属性强，KOL赞评比42∶1；快手社区属性强，KOL赞评比13.05∶1。"此外，快手的粉丝与播主的关系更加紧密，很多快手播主都有自己的粉丝群，双方存在着较强的信任关系，而抖音的整体氛围会显得更为陌生。这一特点也会直接影响到抖音和快手的商业模式，目前抖音最主要的变现手段是信息流广告，而快手凭借强大的社区关系，直播和电商成为其非常重要的盈利方式。

2. 直播营销

"直播营销是指在现场随着事件的发生、发展进程同时制作和播出节目的营销方式。该营销活动以直播平台为载体，达到企业品牌的提升或是产品销量增长的目的。"[24]

直播的营销带货能力非常强大，第48次《中国互联网络发展状况统计报告》数据显示，"截至2021年6月，我国网络直播用户规模达6.38亿人，同比增长7539万人，占网民整体的63.1%。其中，电商直播用户规模为3.84亿人，同比增长7524万人，占网民整体的38.0%"[25]。在电商直播中购买过商品的用户已经占到整体电商直播用户的66.2%，其中17.8%用户的电商直播消费金额占其所有网上购物消费额的三成以上。直播营销不是独立的营销渠道个体，配合其他各类新媒体营销渠道，打造营销矩阵，才是新媒体营销策略的最佳选择。

1.4.4　知识平台营销

互联网兴起之前，提出疑问后想要获得专业的解答，主要依靠人与人面对面的交流。当互联网兴起搜索引擎广泛应用后，人们可以更加方便快捷地上搜索引擎来寻找答案，但这并不代表所有的答案都是标准且令人满意的。在这时，为了满足人们日益庞大的需求，知识问答便与新媒体进行良性结合，产生了网络问答社区。网络问答社区，顾名思义是以互联网为基础与新媒体进行结合的知识问答社区。在这里，每个用户既是提问者，又是其他用户的回答者。提问者和回答者的身份自由随意切换，用户既可以进行信息生产，又可以进行信息消费，知乎便是新媒体知识平台营销的典型案例。作为中国发展规模最广的社会化问答平台，知乎可以说代表了新媒体时代的知识营销发展方向。

知乎拥有庞大的用户群体，聚集了非常多的知识分子与精英。它的社群规划可以满足各种用户的碎片化需求，同时个性化定制也吸引了不少用户的目光。知识平台从传统单调的搜索引擎变身为可以互动、点赞、评论、转发的网络问答服务社区，社区里的每一位用户都可以自由提问，同时也可以邀请自己心仪的回答者。

知识营销的理论，首先于20世纪90年代末由厉不畏教授提出。当时，在科技的进步、信息的高速传播以及社会整体认知程度进步的大历史背景下，知识经济产生。所谓知识营销指的是，提高人们对商品信息的了解程度，让人们更加认同"科技改变生活"的观点，目的在于帮助人们实现科学购物行为。

向用户大幅宣传科技产品原理与内涵并将其包装成一门知识是品牌惯用的营销手段，利用"知识"这一标签来刺激消费者的购买欲望。而在新媒体环境下，科技的高速进步、信息的大规模传播以及社会整体认知程度提高促成了如今知识爆炸的大环境。以新媒体作为媒介的知识平台营销在内涵方面也发生了翻天覆地的变化。

1.5 自媒体营销趋向

新媒体环境下，自媒体营销因其门槛低、传播迅速、影响力大等优势日益受到重视并得到推广。大众的时间被微博、抖音、小红书等平台分割抢占，人们接收信息的渠道和方式相较从前发生了翻天覆地的变化，这使得企业传统的营销观念和方法受到强烈冲击。可以说今天任何一个产品，如果不连接互联网进行营销宣传，是没有任何未来的，自媒体营销成为重要的盈利手段，日益受到重视并逐渐得到推广。

21世纪初，美国著名学者丹·吉摩尔(Dan Gillmor)在对其"新闻媒体3.0"概念进行定义时，使用了自媒体这一概念，以同1.0——传统媒体或旧媒体和2.0——新媒体或跨媒体进行区分。谢因·波曼与克里斯·威理斯于2003年7月联合提出了"We Media"(自媒体)的概念，并对其下了一个十分严谨的定义："We Media是普通大众经由数字科技强化与全球知识体系相连之后，一种开始理解普通的市民如何提供与分享他们真实的想法、自身的新闻的途径。"[26]换言之，私人化、平民化、自主化的传播主体利用现代化、电子化的手段(如QQ、手机短信、博客、微博、播客、维基、P2P下载、社区、分享服务等)向不特定的大多数或个体分享自己的想法或新闻，称为自媒体。

1.5.1 自媒体营销的特征

自媒体的兴起，推动了营销行业出现新的模式，即自媒体营销。与传统的营销模式相比，自媒体营销最大的不同之处在于它利用自媒体平台进行营销。当前主流的自媒体平台有微博、抖音、小红书、微信公众号等。

1. 营销门槛低，简单低价

正如丹·吉摩尔在他的著作 *We the Media* 中所说，这些明日新闻的工具正在为一场草根本质的对话助力，那么自媒体最核心、最本质的特点就是其草根性，即"自"，也就是书中反复提到的grassroots和we[27]。自媒体平台准入门槛很低，几乎人人都可以做自媒体，只要有网络和移动终端设备(手机、平板电脑或计算机等)即可在自媒体平台上注册一个账号并开始运营，以典型的自媒体平台抖音为例，用户完成账号注册后就可以立即发布视频内容，抖音平台为用户贴心地准备了各式各样简单方便的程序，例如一键拍摄同款视频功能可以帮助用户轻松拍摄热点视频，美颜功能可以帮助用户改善颜值，吸引更多观众和粉丝，还有剪辑功能，让用户省去了切换到其他软件进行后期处理的麻烦。在如此便利的功能的帮助下，用户发布一条内容几乎可以说是零成本的，它不要求运营者具备专业的知识，甚至不需要内容的原创(可以通过拍摄当前热点的同款视频收割流量)。自媒体营销门槛低、简单低价的特点造福了一大批中小企业，原本中小企业因为资源匮乏，营销手段和效果不能同大企业相提并论，但是得益于自媒体营销，中小企业提高了自己的社会网络异质性，得到了发展壮大的机会。

2. 传播速度快，交互性强

互联网时代科技不断发展，传统媒体的劣势越来越凸显。以往的传播形式是传统媒体发布信息，受众被动地接收信息，这是一条单向的传播线路，受众不能及时地给予反馈，信息发布者也很难及时得知信息的传播效果，同时传统媒体发布信息受时间和空间的限制很大，这成为传统媒体在当今信息爆炸的时代难以取得竞争优势的一个桎梏。自媒体时代，内容的制作与发布不受时间和空间的限制，任何时间、任何地点，运营者都可以向受众传达信息，而且这些信息面对的是整个互联网用户，如果用户转发内容，还可以在新的关注群体中进行传播，信息的传播速度呈现几何倍数增长。此外，自媒体的运营操作简单，交互性强，平台设计者致力于完善程序，充分考虑到了用户友好性，信息发布者可以及时地回复评论，与受众加强联系，通过受众的反馈，了解受众的所思所想，及时调整不足，做出更好的内容。简而言之，自媒体平台的强交互性为营销效果的改善与加强带来很大裨益。

3. 个性化强，口碑效应加强

当前正处于UGC时代，用户随时随地都可以脑洞大开地发布自己的原创视频、产出内容，自媒体平台越来越完善的功能也使得运营者的内容产出更加便利。凡此种种，都在推动着用户以极具个性化的方式参与自媒体运营。互联网以其极大的包容性给予许多草根用户获得关注与流量的机会。以深受年轻用户喜爱的哔哩哔哩平台为例，因为UP主(哔哩哔哩平台内容创作者的专有称谓)性格、爱好等因素的不同，他们独特的视频风格会在平台原有的常规分区(搞笑类、生活类、影视类等)基础上，产生新的视频分区，比如某类UP主以聊天的形式分享生活趣事，区别于其他分区的视频风格与形式，由此推动了唠嗑区的诞生。又如2022年初爆火的抖音博主"垫底辣孩"，他凭借一条《如何成为一名国际超模之香奈儿》的视频出圈，不到半年收获千万粉丝，后续他又推出"如何成为一个品牌代言人"系列，既结合了自己账号的视频风格，又完成了对于商业广告的完美消化，达到了不错的营销效果。前面提到了自媒体营销有信息迅速传播的特点，用户在使用完产品后可以在自媒体平台上发布视频或图文内容，加强了产品的曝光。在此加持下，产品的口碑效应大幅提升，但是自媒体营销超强的传播效果为产品本身带来怎样的影响还是要看产品为用户带来何种体验，因为这种传播效果是不分好坏的。也就是说，就算用户在网络上吐槽产品，这些差评也会在互联网上进行"病毒式"传播。总而言之，自媒体营销使得产品的口碑效应增强，而要想达到最佳的营销结果，还需要小心控制营销过程中的每一个环节以及把控好产品本身的质量。

1.5.2 自媒体营销的内容

随着移动互联网和社交媒体的不断发展，自媒体营销存在着巨大的商机和利益，越来越多的大众也将目光转向自媒体，全职自媒体人士大有人在，自媒体行业急速爆红，行业竞争因而也愈发激烈。那么，是否所有人都适合自媒体并且能够成功做好自媒体营销？普通人又如何才能脱颖而出？下面从自媒体营销的传播主体、传播内容、传播渠道、传播客体这几个角度进行综合分析，深入洞察自媒体营销。

1. 自媒体营销的传播主体

秦绪文在《自媒体营销与内容实战》一书中将自媒体的传播主体分为草根个人、精英个人、团队联盟和团队平台四个类型[28]，通过总结也可以通俗地分为个人化自媒体和专业化自媒体两类。

个人化自媒体具有草根性、私人化和去组织的特点。与传统媒体相比，自媒体的传播者大多来源于"草根阶层"。自媒体授予草根阶层话语权，让社会大众从"旁观者"变成了"当事人"，每一个普通人都可以拥有自己的媒体，发出自己的声音。同时，个人化自媒体的传播内容多是围绕个人的私人化生活或者自我观点的表达与分享展开，并且通过一些覆盖面广的网络平台，如微信、抖音、微博等进行传播，传播时间、数量、形式均由传播者个人自行决定，内容朴实，同时也更加松散，具有极强的个人化风格。因此个人化自媒体容易爆火，吸引大波受众，但也容易因籍籍无名而湮灭，成功营销可谓困难重重。

相较于个人化自媒体，专业化自媒体的发展更加稳定持久，这些自媒体由专业的个人或团队来组织和运作，组织化程度较高，发布的内容也较为专业化，包括精英个人、团队联盟与团队平台。

与草根个人相对的是精英个人，由于他们具有专业的技术知识，可以在与网站的合作引流下维持一定的粉丝量与收益，但前期仍需要稳定的内容产出与粉丝维护。如哔哩哔哩拥有专业知识的UP主，专攻专业领域进行内容输出，如剪辑教程、各类考试备考教程等，其拥有源源不断的粉丝群体。团队联盟属于精英的合作运营，强强联合，产出的内容不仅可以精准触达目标受众，收获大量忠实粉丝，还能获取不菲的经济效益。而团队平台就显得更加专业化、商业化。以爆火的T97咖啡直播为例，公司将抖音的账号直播间交由专业的MCN(Multi-Channel Network，多频道网络)传媒公司，通过喊麦式的直播方式吸引大批粉丝，部分视频内容不仅被保存下来邀请网友进行合拍，相关话题还冲上了抖音挑战榜的第一位，同期门店的销售额也排在地区咖啡销售榜前列，成功使T97咖啡品牌出圈。但是，出圈并不容易，很多品牌转向自媒体后，收效甚微。

2. 自媒体营销的传播内容

从传播主体中不难看出，任何一种自媒体都存在爆火的优势，但同时也存在着湮灭的可能。而自媒体人在进行创作时，内容始终是营销的关键与核心，也是其安身立命之本。在当今信息大爆炸的时代，碎片化的阅读形式深入人心。所谓"碎片化阅读"，实际上就是人们利用碎片化时间所进行的阅读，而这种阅读往往是断断续续的、不完整的。要在短时间内将信息传达给屏幕前的受众，这对自媒体传播者的传播内容提出了更高的要求。与此同时，可供受众选择的自媒体体量巨大，没有优质的内容就意味着受众、粉丝的流失。

(1) 从自身出发，选择合适的赛道。通过SWOT分析法分析自身的优势、劣势、机遇与威胁，明确自身具有的先决条件，确定内容选择的大方向，比如娱乐、游戏、旅游、情感、搞笑、教育、健康等，之后再细分具体内容，可以包括分享经验、教授技能、传递知识、输出观点等。除此之外，也可以选择市场前景好的领域，洞悉受众需求，如母婴育儿和教育、社会生活等领域。

(2) 打造垂直自媒体，保持主题风格统一。在确定好内容方向之后，有很多自媒体传播主体不满足于只做一个领域，还会不断扩充其他与初始定位毫不相关的领域，最后在一个自媒体账号下包含着"全领域"的各式各样的内容，而大众由于注意力的分散，并不会对每个领域的内容都感兴趣，反而会产生错乱感，造成粉丝的流失。因此需要打造垂直自媒体，保持主题风格的统一。垂直自媒体是用自媒体的方式专注于某些特定领域或某种特定需求的媒介形式[29]。简单来说，就是做专注于某一领域的自媒体。经营一段时间之后，自媒体人给受众带来的感觉就是相关领域的KOL，就会在心中给他打上带有信任感的专业"标签"。在粉丝达到一定量级之后，也更容易从众多自媒体中凸显。相应地，平台也会对不断输出高质量内容的作者进行平台助力，至此自媒体就可以收割流量进行营销。例如星座博主陶白白，以专门分析不同星座的行为模式与心理活动收获了大量粉丝，发布每周运势的"白桃星座"在小红书上每周都拥有较高的点赞量和浏览量。由此可见，当自媒体有了专业的内容定位领域之后，粉丝量就会稳定上涨，对大众产生的影响力也会不断提高，从而实现成功出圈。

(3) 从PGC到UGC，增加与用户互动。互联网从来不是一个唱独角戏的地方，如今用户对网络的需求不仅是简单的信息获取，也渴望从旁观者转化为参与者，成为内容创作的一分子。用户生产内容(UGC)模式就是在这样的背景下应运而生的。用户将自己创作的内容通过互联网平台进行互动展示，并由此引发的人与价值内容的关联、人与人的关联、人与商业的关联，最终形成从专业生产内容模式(PGC)转向UGC的互联网商业形态。当下，UGC广泛存在于各大网络媒体平台，用户自发性的二次传播，引来爆炸式的关注与追随。以肯德基"疯狂星期四"为例，2018年8月第一次推出"疯狂星期四"特价活动时并没有多大的水花，反而在2021年"疯四文学"出现后爆火，成为现象级全民热潮，而其中巨大的推动力就是网友们自发的UGC创作，从而形成"病毒式"营销。

(4) 兼顾新鲜感与价值性，吸引用户不断关注。就内容本身来说，具有新鲜感和敏感度的内容容易脱颖而出，而有价值和有趣味的内容更深入人心，所以自媒体创作者应有效地结合这两种形式，吸引用户持续关注。在互联网迅速发展的社会大背景下，信息的更新迭代无比迅速，自媒体可以结合社会热点传达自己的观点态度，但同时需要深入了解读者的需求，具有对相关事件做出解读的思维能力，引发共鸣。除此之外，越来越多的大众倾向于碎片化阅读，简短、有价值的干货内容更能吸引他们的关注。

3. 自媒体营销的传播渠道和传播客体——平台定位与目标受众定位

在确定好内容定位后，同样是经营自媒体，有人可以获得巨大的影响力与关注度，而有些人却只能囿于一隅。除去内容质量等主观因素，究其缘由，与自媒体传播主体的平台选择有很大关系。

目前常见的自媒体平台包括三类：以图文为主体的公众号、百家号、今日头条号等；以短视频为主的抖音、快手等；以即时资讯为特点的微博等[30]。微博、微信朋友圈、抖音等新媒体都可以看作自媒体平台，但是不同的自媒体平台有不同的推广特点，受众面、文案风格和针对的人群也截然不同，只有深入了解每个平台的特点、平台推荐逻辑、平台盈利和变现方法等，在合适的时机选择合适的推广平台，发出合适的推广文案，才能"以一当十"，发挥最大的潜力。

与此同时，只有将内容精准触达目标受众，才能真正实现自媒体营销目的。为此传播主体需要掌握一定的方法来定位目标受众。例如大数据分析法，通过大数据抓取相关领域话题，通过数据分析确定目标人群画像(如年龄、性别、地域等)。除此以外，还可以通过相关领域的市场调查报告、行业报告等更加深入地了解受众。

1.5.3　自媒体营销的困境

梳理以上自媒体营销的关键定位，不难发现自媒体营销的体系与逻辑之复杂。必须承认，自媒体具有许多传播优势，但是在商业化的过程中，由于这种复杂性，自媒体营销也面临着诸多急需解决的困境，其运营主体、营销内容与受众定位等方面都有待完善。

1. 自媒体运营主体：专业性有待提升

自媒体诞生于网络，自然具有鲜明的网络文化特点，其中显著特征便是传播主体的草根化，任何人都有权在自媒体平台上发表观点与意见。但这并不意味着人人都有能力运营一个自媒体平台或品牌，人人都能够以较低的投入使自媒体正常运作。事实上，真正的自媒体必定是具有专业能力的"真实人"搭建的，能够反映运营者的真实人格，向特定的受众传递信息。

然而，现如今的自媒体运营现状却不全然是这样，甚至只有很小部分的自媒体才拥有专业的运营者。自媒体运营者的不专业表现，如传播虚假信息，自媒体侵权、抄袭、"暗广"等一系列行为，都在使自媒体环境持续恶化，在一定程度上阻碍了自媒体营销的健康发展。

2. 自媒体营销内容：创新性不足

首先，现阶段的自媒体营销活动还是主要依靠线上平台展开，因此，自媒体的营销内容也大多结合网络流行热点进行策划。但网络热点的流行并不持久，很多自媒体的营销内容变化不定，没有统一的风格，无法体现自媒体独特的品牌理念、培养稳定的受众群体。

其次，很多自媒体营销内容的信息来源渠道固定且单一，无法切合受众的新需求与兴趣所在，也就无法留住受众并将其发展为忠实粉丝。

总体来看，自媒体营销内容的呈现形式有待革新。由于依托网络平台进行信息传播，大多自媒体选择以文字、图片、图文结合、音视频等形式进行营销活动，活动形式互动性不足，缺乏创新性，很难得到受众的积极回应。

3. 自媒体营销受众：受众定位模糊

首先，由于网络传播的便捷性和迅速性，很多自媒体在进行营销活动时借助了多个网络平台，例如一些网红在抖音、哔哩哔哩等视频平台多渠道联动"带货"，以扩大宣传范围，最大化优化营销效果，但也造成了营销受众的分散，受众定位模糊。

其次，自媒体在进行营销策划时内容、风格不一，这也是一种自媒体营销受众定位不清晰的表现，极大地限制了营销效果。

1.5.4 自媒体营销的改进策略

1. 自媒体运营主体：强化专业性与传递真实感

要运营好一个自媒体，运营者首先要强化自身专业性，恪守经营自媒体品牌的道德规范，为受众提供优质原创内容，满足受众的核心需求。其次，要优化受众的体验。一个成功的自媒体品牌必然是能够得到受众认同的，而提高受众认同感需要每一个运营者贯彻社交媒体"以人为本"的组织结构方式[31]，在自媒体的信息传播中体现其作为"人"的真实感，拉近自媒体品牌与受众的距离，让受众感受到自己不是在与机器人交流，并获得更多的受众反馈。值得注意的是，反映真实感也将有利于确定自媒体营销内容的风格，强化品牌与受众之间的联系，构建一个和谐稳定的互联网社群。

2. 自媒体营销内容：打造情感共鸣

高质量的内容是形成自媒体品牌的关键。自媒体营销想要取得理想效果，必须坚持内容至上。自媒体运营者应该定期收集受众反馈与热点流行，在捕捉热点的同时兼顾受众需求。从一些自媒体品牌的成功经验来看，受众需要的是可以帮助他们解决问题的建议者，或者是能够为他们提供情感安慰的陪伴者，而不是空洞、无意义、虚情假意的文字，真正意义上的"内容为王"离不开自媒体运营者的专业性知识的奠基，以及富有魅力的品牌影响力的加持。

自媒体以成为致力于解决受众需求的自媒体品牌，使受众形成使用习惯与依赖为传播目标，而要想实现这个目标，自媒体运营者还需要深挖受众兴趣所在，找到自媒体受众共同面临的问题，从而使受众产生认同感和归属感，在此基础上引导受众直面问题、分析问题和解决问题，切中他们的心理需求，引起他们的情感共鸣，以形成主动传播，扩大自媒体品牌的影响力。

3. 自媒体营销受众：细化与圈群化

自媒体通过多平台联动进行营销活动固然能扩大群体规模，但这样不利于维系自媒体原有的受众群体的凝聚力和稳定性，一味地追求扩大受众范围很可能会适得其反，降低原有的受众对于自媒体品牌的好感度和信任度，不利于受众群体的持续性发展与运营。因此，自媒体在品牌搭建初期，就应该明确自身品牌定位、细化受众，据此推出符合自媒体品牌理念与调性的营销活动，甚至提供定制化服务，即持续性强化自媒体品牌理念，长期与受众保持互动，坚持细化受众并培养忠实受众，这才是自媒体营销的前提。

社交媒体的一个本质特征是"圈群化"。所谓"圈群化"，是指社交媒体"多对多"的组织结构所衍生的知识和人际交流圈子化、社群化的特征[32]。而自媒体作为一个具有社交属性的平台，也表现出圈群化的特点。自媒体运营者可以结合受众圈群的特征有针对性地推出营销活动。同时，在受众的圈群中，每个人都有发言权，自媒体运营者可以有意识地培养圈群中的意见领袖，强化受众群体内部共同的价值取向，建构与巩固良好的群体关系。

自媒体营销是自媒体发展到一定阶段的必然产物，是网络时代营销活动的重要组成部分。自媒体营销经历了一个从无到有、从无人问津到兴盛发展的过程，越来越多的人加入自媒体营销的赛道，使得竞争加剧，自媒体营销生态更加复杂。要创造真正成熟的品牌营销环境，自媒体品牌还要克服运营管理能力欠缺、营销内容千篇一律、信息质量低、传播效果不理想的障碍。自媒体运营者要掌握自媒体传播和营销策略，才能更好地实现自身的商业价值，同时还要注意进行自我规范和约束，致力于构建一个健康、积极、纯净的自媒体传播环境，助力自媒体释放营销价值潜力。

参考文献

[1]赵晓珊. "互联网+"思维对新媒体营销策略改革的影响探究[J]. 营销界，2021(31)：8-9.

[2] 邓倩. 新媒体营销研究综述与展望[J]. 科学决策，2020(8)：67-88.

[3] 郑昕. 互联网思维模式下的新媒体营销策略探索[J]. 中小企业管理与科技(中刊)，2021(6)：136-137.

[4] 刘尚. 企业新媒体营销策略研究[J]. 北方经贸，2022(8)：60-61+68.

[5] 张小兵. 刍议互联网思维下的新媒体营销[J]. 营销界，2020(37)：160-161.

[6] 陈文行. 互联网思维与新媒体营销对策[J]. 营销界，2021(8)：9-10.

[7] 刘瑞瑞. 新媒体营销对电商平台运营的影响研究[J]. 营销界，2021(18)：7-8.

[8] 周玉奇. 新媒体环境下企业市场营销策略研究[J]. 财富时代，2020(2)：174+176.

[9] 金志芳. 基于信息时代的新媒体营销策略研究[J]. 现代营销(经营版)，2022(1)：142-144.

[10] 戴宇辰，成方珣. 营销的媒介化：从平台网店到关键意见者[J]. 青年记者，2022(19)：22-25.

[11] 高宇. 新媒体营销的策略优化研究——以公众人物直播带货行为为例[J]. 商展经济，2022(17)：51-53.

[12] 卢金池. 信息时代新媒体营销模式分析[J]. 学园，2017(24):148.

[13] 李娜. 大众传播时代网络原创视频形态发展演变[J]. 新闻研究导刊，2020，11(20)：29-32.

[14] 黄楚新. 我国移动短视频发展现状及趋势[J]. 人民论坛•学术前沿，2022(5)：91.

[15] 黄楚新. 我国移动短视频发展现状及趋势[J]. 人民论坛•学术前沿，2022(5)：91.

[16] 满航. 短视频未来发展策略探析——以梨视频为例[J]. 新闻研究导刊，2022，13(6):23-25.

[17] 黄楚新. 我国移动短视频发展现状及趋势[J]. 人民论坛•学术前沿，2022(5)：91.

[18] 2020年中国短视频头部市场竞争状况专题研究报告[R]. 艾媒咨询，2020-09-18.

[19] 2020年中国短视频头部市场竞争状况专题研究报告[R]. 艾媒咨询，2020-09-18.

[20] 刘文霞，董银. 短视频内容营销对消费者购买意愿的影响研究[J]. 新疆农垦经济，2022(4)：71-81.

[21] 2020年抖音用户画像报告[R]. 巨量算数，2020-03-13.

[22] 2019快手内容生态报告[R]. 快手大数据研究院，2019-09-12.

[23] 朱怡芯. 短视频App的运营研究——基于抖音与快手的对比[D]. 南昌：南昌大学，2019.

[24] 李茸，毕雯雯. 直播营销中的消费行为研究综述[J]. 科技和产业，2022，22(9)：279-282.

[25] 中国互联网络发展状况统计报告[R]. 中国互联网络信息中心，2021-08-27.

[26] 邓新民. 自媒体：新媒体发展的最新阶段及其特点[J]探索.2006(2)：134-138.

[27] 张彬. 对"自媒体"的概念界定及思考[J]. 今传媒，2008(8)：76-77.

[28] 秦绪文. 自媒体营销与内容实战[M]. 北京：人民邮电出版社，2020：2.

[29] 卿紫柔. 我国保险自媒体发展的现状、挑战与应对[J]. 甘肃金融，2021(1)：33-36+71.

[30] 孙珏. 自媒体生态矩阵怎么造？[N]. 中国出版传媒商报，2017(8)：77-78.

[31] 沈宇虹. 社交媒体时代"长尾"自媒体的营销：以自媒体"胡辛束"为例[J]. 青年记者，2017(8)：77-78.

[32] 黄晓丹. "罗辑思维"微信公众号运营策略及其效果研究[D]. 广州：暨南大学，2015.

第 2 章 新媒体时代的消费

数字化媒体盛行的年代，涌现出诸多商机，直播电商等营销方式的火爆，让消费升级，人们的消费方式和消费观念发生了天翻地覆的变化，购物与消费，已不再是传统时代的点对点模式，而是通过媒体与交通形成了一张遍布全球的大网。本章将新媒体时代的消费行为分为四大板块，从消费者分析到精准营销策略，全面分析新媒体时代的消费行为。

2.1 新媒体时代的消费人群

想要研究消费行为，必须顺藤摸瓜，先明确并研究消费主体。消费一直都是人们生活的基本内容之一，是以人为主体的行为。不同年龄、不同阶层、不同观念的消费者其行为有所差异甚至天差地别。这就决定了新媒体时代消费人群具有较大的差异性，目标消费人群不局限于某一群体之内，这些消费人群具有较大的交叉性。

1. 以大学生为代表的消费人群

年轻群体对新媒体的接受程度最高，他们是互联网等社交媒体的主要活跃者，在日常生活中接触的信息较多，对新鲜事物有着孜孜不倦的追求，由此产生的消费欲望和消费冲动更强，而新媒体购物平台的便捷性、快速性能够更好地满足他们的消费冲动。他们对网络广告的接触更多，网络广告对其吸引效果较大，因此，他们是新媒体时代的主要目标消费人群之一。

2. 中等收入群体

中等收入群体在社会上占比相对较多，同时他们也是新媒体时代消费的主要人群之一。客观上，他们的经济条件使之具有一定的购买力和消费水平。由于工作占据其生活时间较多，他们往往没有时间或不愿意在消费上花费过多的时间，而新媒体平台信息收集方便，可以让他们短时间内圈定价格在合适范围内的产品，并轻松比较，最终挑选出最满意的商品，节省大量的消费时间。

3. 实地购买需求难以满足的小城镇居民

随着手机等移动终端的普及，中小城镇居民成为诸多新媒体平台的使用者与参与者。由于乡村振兴与全面发展让他们有了更多的财富，购买力得到了提高。与消费需求增长相矛盾的是，他们所居住的地区与活动范围内的实体店发展仍然滞后，从而促使他们转入新媒体平台满足自己的消费需求，逐步成为网络消费的一大力量。

2.2 新媒体消费者的特征

1. 消费者的消费个性增强，需求呈现差异化、多元化

在传统媒体时代，受限于近代工业的生产力，定制产品生产成本高昂，市面流通产品多采用统一流水线模式生产。同时，当时消费者的总体购买力较低，消费需求受外部刺激较少，只会关注周边地区的消费市场，而统一化的工业产品成本更低，质量也相对不错，大量抢占市场，受到消费者欢迎，消费者的消费意识是趋于单一的。

而随着新媒体的快速发展，人们不再只接收到同质化的产品广告，而是广泛关注全国甚至全世界的商品市场，看到了更多不同种类、不同特色的产品。同时，新媒体信息传播的实时性、低成本和大量化，让人们的思想和意识有更多的碰撞与交流。消费者的自我意识觉醒，不再完全盲目从众，而是依据自己的个性需求和喜好来选择产品。商家为了抢占商机，也推出各种定制化产品并加以宣传，反过来又进一步增强消费者对定制化的个性需求。

不仅是消费者的消费个性增强了需求的差异化，社会分工的细化与职业的多元化也导致人们对产品具有不同的需求。当然，不可忽视的一点是，生产力的发展促进了人口的快速增长，如今世界人口已达78亿，如此庞大的人口数量，也注定人们的消费需求是多元化的。没有两个人的需求是完全相同的，即使一部分人的需求在一个范围内，他们需求的具体层次也是不同的。

2. 消费者的消费主动性增强，心理因素能动作用增强

中国传统农耕时代，人们购物往往是出于生活基本需求，当某样东西不够用时才不得已消费，处于一个自给自足的状态。不同以往，新媒体的发展给消费者提供了广大的信息来源，消费者在浏览平台时，会看到各种产品广告，在看到感兴趣的商品时，会主动通过网络获取这些产品信息。消费者不再因为不得已去消费，还因为某些消费品能让自己生活更加美好，如方便活动、解放时间、休闲娱乐等。

同时，消费者在主动求购某些产品时，可以通过其他消费者的评价来查看其他人的消费体验，当看到其他消费者的正向反馈时，消费者也会更加愿意去购买这个产品，而看到负面评价时，会倾向于转购其他商家的同类产品。从这方面来说，购买主动权掌握在消费者手中，消费者可以主动进行选择。

在这一过程中，由于消费者主动性的增强，消费者的心理因素也发挥着更大的作用。消费者在进行消费活动时，会有各种心理活动和心理特点。如很多消费者具有求实心理，看重产品是否好用以及效果能否满足内心预期，在购买时，他们更倾向实用的产品。又如一部分消费者具有求美心理，可能更追求产品的美观与视觉效果，他们在消费时就更多选择那些精美的产品。这些心理活动非常复杂多变，但对消费者的购买行为具有很大的能动作用，部分商家就以此为切入点，吃透消费者的心理特点，从而进行营销活动。

3. 消费需求存在超前性和可诱导性

新媒体平台及网络构成了一个巨大的全球化市场，随着科技的进步，一些最先进或最时髦的产品会以最快的速度出现在消费市场中。而大部分新媒体平台使用者广泛活跃于网络，具有超前意识，他们对新信息反应灵敏，接受速度快，会有先人一步抢购和体验的想法。新产品会刺激这些消费者新的需求，从而带动周边消费层及相关产品新一轮的消费热潮。

同时，从事网络营销的相关商家会运用相关营销手段，唤起消费者的潜在消费欲望，诱导他们进行大量消费。如每年的"双十一"，原本只是一个普通的日子，但在"淘宝""天猫"等电商的大力推广下，成为网购狂欢节。在"双十一"期间，商家们运用大量的促销手段，在社交软件上进行宣传并投放大量的页面广告，对观看者产生强大的视觉冲击效果；其中的商品价格优惠，与正常价格差距较大，让多数消费者难以拒绝，使之形成"不买即是亏损"的心理失衡，将消费者的潜在消费需求诱导为现实消费需求。

4. 消费冲动的感性化与消费行为的理性化

在新媒体时代，消费者的行为模式、心理特点等都在发生着较大的变化。消费者在新媒体平台上的浏览时间增多，在应用的算法推荐和个人偏好内容的选择下，消费者从之前被动接受广告转变为主动接受广告。新媒体通过滚动播放、积分返现、促销优惠等形式吸引到消费者，在快速缩短的消费周期和强烈冲击的消费热点带动下，借助于新媒体消费即买即付的特点，交易时间大大缩短，消费者的购买行为也不会受到地域等方面的限制，在诸多眼花缭乱极具煽动性的促销手段推动下，消费者的消费冲动增强，呈现一种较为明显的感性化色彩。

消费者的消费时间成本的降低，让消费者有更多的时间在网络上选择产品。随着网络购物平台的买家评价等机制的完善，消费者不再局限于自己的个人感观，而是从多个方面了解更多的产品信息。在新媒体平台大量信息的输入输出过程中，消费者对信息的筛选和过滤能力不断提高，能够更方便地查找理论知识，明确分辨产品宣传的真假，不再轻易被一些过分夸张的虚假宣传所误导，一些领域内的专家也会主动进行一些产品打假。从这方面来看，消费者的消费行为呈现理性化。应该明确的是，消费本身是很复杂的，消费冲动的感性化与消费行为的理性化是存在交叉的，但并不矛盾，只是一方面的特化。

5. 消费者对头部品牌的选择稳定性和偏好性

在新媒体时代，众多产品好坏不一，质量参差不齐，消费者往往愿意选择那些头部品牌，并且这种选择具有一定的稳定性。这些头部品牌经过一定时期的打造与广告刻画，让消费者对其有一定的熟悉度与心理偏向。这些大品牌利用头部效应，不断打造产品矩阵，进一步拓宽品牌深度和广度，让受众的满意度提高，具有强大的留存效应。

2.3 影响新媒体消费的因素

在这种新媒体营销的时代，用户消费模式的变化影响了用户的消费心理与行为，新消费理念的出现改变了新媒体平台吸引用户的策略。

2.3.1 从用户角度

1. 用户心理不确定性

有的用户追求产品的实用价值，喜欢物美价廉的产品，假如产品价格超出承受范围，用户就会觉得不够划算；有的用户追求产品的欣赏价值和艺术美感，在选购时倾向于外形、色彩和工艺，不看价格，只追求美感；有的用户追求产品的新奇和流行度，热衷于当前时尚且流行的一些物品，追随大众潮流；有的用户追求品牌知名度和品牌溢价。

用户购买时有较高的警惕性，尤其是在新媒体时代，担心被电视或媒体欺骗，会在购物过程中对产品质量、性能等方面反复挑剔。

2. 用户重视信息的搜索和分享

新媒体时代不同于传统媒体时代，用户面临更加多元的信息，更倾向于对有效信息进行主动搜索，并认为其他用户生成的内容比商业性的广告更可信，乐于通过朋友了解产品，而不是通过企业的"官方指导"。长此以往，使得用户逐渐重视且乐于查看其他用户的体验，同时也想把自己的体验分享给其他用户，这一环节在影响新媒体消费上尤为关键。因为在这种环境下，用户会受到社会化媒体中的其他人影响，瓦解或巩固购买决策。

2.3.2 从平台角度

1. 贴近用户思维

新消费并不是指完全新的消费概念，而是着重由数据化等新技术、新应用引发和支持的新消费理念、方式、行为、模式、业态，强调最大限度地满足消费者不断提升的新需求。数字时代，大数据、5G、人工智能、云计算、移动支付、电子商务、视频直播等新兴技术正在快速发展。技术的不断更迭促进了个性化、互动式消费模式的兴起，从而改变了消费群体与结构。因此，平台可以从消费观念、消费结构等方面入手，引导网络思维，以先体验者先挖掘为触点激发新需求。立足用户，我们会发现，新消费可以超越个别企业、品牌、行业，新的消费业态可以满足不同消费者对宠物经济、场景消费、奢侈品定制、民宿短租、海外旅游等的个性化、多样化需求。

新媒体时代的新消费也呈现社会化、人性化和自我满足的特征，并不断扩大。因此在新消费时代，网络思维更接近于群体思维，以满足特定人群的特殊需求。以年龄和性别为基础的消费群体结构，无论是热衷于追求新产品和服务的Z世代，还是消费能力较强的新兴中产阶级，抑或日益增多的老年群体，在互联网上所占比例不断增加的女性用户，都是不同的市场机会。

2. 效益为先，商品以情感触达为主

新消费是文化需求驱动的消费价值升级，顺应这一趋势的新消费品，必须同时具备物质基因和文化基因，既满足高质量产品体验，也满足高水平内容体验。一方面，物质发展遵循物理定律，产品原料、配方、研发、生产、质检需要严谨的过程，是量变到质变的过程；另一方面，文化需求更不是效率问题，潜移默化才容易引发情感共鸣。

2.4 新媒体时代的精准营销

互联网的迅速发展给人类社会带来了巨大的变革，新媒体渗透到人们生活的方方面面。随着新媒体服务范围的愈加完善以及新媒体内容的多元创新不断涌现，新媒体在人们生活中扮演着不可替代的角色，一个企业与商家的全新营销平台正在蓬勃崛起。现代社会的消费者对于产品的需求越来越多元、苛刻，细分市场已经取代大众市场，因此精准营销的概念也越发得到企业与商家的强调和执行。在新媒体时代，由于大数据计算、虚拟现实等数字技术的发展，精准营销的方式得到了拓展与升级。但精准营销的本质还是以消费者为重点进行分析，根据消费者不同的心理与行为特征，采取针对性的技术与方法来创造一套科学合理的策略，实现企业与商家对于目标市场不同消费群体的高效沟通与利益最大化。因此，消费者分析(research)与产品的消费者到达(reach)是新媒体时代精准营销的两个重要环节。

2.4.1 消费者分析

从消费者角度来说，市场细分的主要依据有三方面：消费者基本信息、消费者行为习惯和消费者心理倾向[1]。

1. 消费者基本信息

消费者基本信息主要包含消费者的性别、年龄、职业、地区、受教育程度、婚姻状况、经济状况等现实客观的因素。以往的研究都表明了人口因素或多或少地影响着消费者的消费需求、消费习惯。这些因素都属于简单的数据统计范畴，其实早在大数据技术成熟之前，这些数据一直在被传统的统计方式统计着。只不过，大数据、云计算的进步赋能数据分析，使得我们有能力将消费者在网上的一切行为活动转化为数据并进行整理与分析。数据仍然是大数据时代对于消费者画像构建的重要基础。

2. 消费者行为习惯

消费者在购买决策过程中大致经历了需求产生、信息收集、比较选择、购买决策、使用评价这5个阶段，而每一个阶段中所表现出的消费者行为特征都是不同的，因此对于消费者行为特征的分析需要大量数据的支撑，并且每个阶段都需要不同的分析方式。不过好在消费者的行为能够有一个具体准确的记录方式，分析起来也相对客观，因此呈现的数据能够应用的范围更广，科学性也更好。

3. 消费者心理倾向

消费者的心理倾向主要包括喜好、态度、价值三方面。消费者的喜好不仅体现为对产品各项表现的喜好，比如包装、颜色、价格、品牌等，也体现为消费行为习惯的偏好，比如喜欢使用手机网购、更喜欢七天无理由退换的商铺等。而态度主要指的是消费者对于产品的满意度与忠诚度，具体表现为购买使用后的评价，以及回购次数等，不过现在许多商家为了商铺数据好看，往往也会选择恶意控评，或是以一些红包返利的方式激励消费者给予好评，这些伪造出的数据并不能真实地表现出消费者的心理、态度。价值主要指的是消费者的感知价值，消费者所感觉到的，一些与心理有关的利益价值等方面。不过因为这方面非常主观，而且难以收集到真实的数据，也不易形成有统一标准的分析方式，所以是消费者分析中相对薄弱的环节。

2.4.2 产品的消费者到达

在完成了消费者画像构建与分析之后,企业与商家需要做的就是制定恰当的营销策略来精准满足消费者需求,最终实现有效的产品消费者到达。这里我们选择应用比较广泛的三个策略展开论述,这三个策略分别是精准的互联网广告投放、精准的市场定位和个性化需求满足[2]。这三个策略既构成了整个产品营销的消费者到达流程,共同决定了产品的营销效果,也作为互相影响的因素而存在。

1. 精准的互联网广告投放

如今消费者个性化需求明显增长,企业与品牌大都不会选择投放试图覆盖所有类型消费者的互联网广告,因为这种广告产生的经济效益非常低,企业与品牌更希望自己的广告产生较高的经济效益,而精准投放便解决了这一痛点。精准投放是近年来互联网广告的发展趋势。现在绝大多数新媒体平台都有不同的频道分类,以满足不同用户的喜好,而这些频道便成为不同品牌和企业投放广告的第一选择。当某个用户点进了某个分类的频道中,我们一般都会认为此用户对于这类内容是感兴趣的,此时相关企业所投放的广告实现消费者有效到达的成功率也会更高,既节省了广告投放成本,也提高了产品、品牌的营销效果。当一个餐饮类的品牌与企业选择投放广告时,如果选择与美食频道或者餐饮相关的网页就能在很大程度上避免引起不感兴趣用户的反感,且实现广告投放的高效益[3]。

平台提供的关键词搜索广告服务也是广告精准投放的重要渠道,并且在新媒体时代由传统的浏览器搜索渐渐转变为各大新媒体平台的内容搜索。当我们想要了解一个产品的信息时,大部分情况下都会首先通过网页搜索,或者在各大新媒体平台中搜索相关词条,此时某投放相关广告的品牌的产品信息通过搜索呈现在搜索此类产品的消费者面前,那么这条广告便产生了非常好的消费者到达效果。当你想买一部手机,你通过抖音搜索手机相关产品的词条,那么这时候跳出来某品牌手机的广告,消费者会很快注意并加以了解。需要注意的是,新媒体广告的呈现形式已经不只是传统的贴片广告,一些更加偏重用户体验的测评以及KOL带货都会成为广告的一种形式,其目标都在于提高品牌宣传效率,从而达到更好的广告效果。

2. 精准的市场定位

精准的市场定位能够提高品牌的经济效益与社会效益,这在新媒体产品营销中是至关重要的一环,毕竟一个产品除了本身的质量,品牌所附加的特色也是消费者考虑的重要因素。当然这也是建立在品牌和企业对目标消费者有充分的了解和把握的基础上的。品牌在进行市场定位时必须谨慎,因为这决定了一个品牌的基调与用户群体。

3. 个性化需求满足

在新媒体营销模式中，品牌若想满足消费者的个性化需求，提高消费者的品牌产品参与度，那么，广泛聆听消费者意见与反馈并做出改进是品牌满足消费者个性化需求的有益环节。设立品牌产品讨论社区是一个非常聪明的举措，比如在小米的小米社区论坛，其产品设计负责人一直与小米用户保持着良好的联系与沟通，既有助于促进用户发现问题，也能够帮助品牌维系用户黏度，加深用户情感联系。

参考文献

[1] 刘海，卢慧，阮金花，等. 基于"用户画像"挖掘的精准营销细分模型研究[J]. 丝绸，2015，52(12)：37-42+47.

[2] 李晓龙，冯俊文. 大数据环境下电商精准营销策略研究[J]. 价值工程，2016，35(3)：31-33.

[3] 伍青生，余颖，郑兴山. 精准营销的思想和方法[J]. 市场营销导刊，2006(5)：39-42.

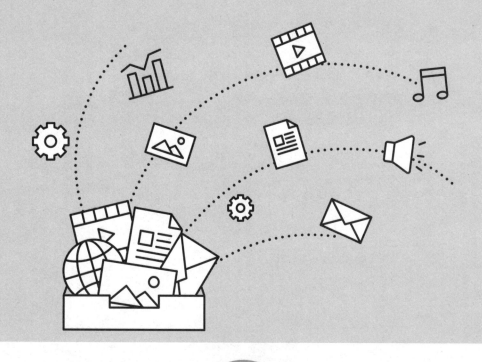

第2部分

新媒体营销的媒介渠道

网站营销

数字电视营销

微博营销

微信营销

第 3 章 网站营销

3.1 网站营销概述

3.1.1 网站营销的概念

广义上的网站营销也称为网络营销,是企业以电子信息技术为基础,以计算机网络为媒介和手段而进行的各种营销活动的总称。

狭义上的网站营销是指企业建立网站并通过网站开展的一系列营销活动。比如各大手机品牌在官网进行商品销售、各大视频网站在官网进行会员优惠的宣传等。

相对于广义的网站营销,狭义的网站营销更强调建立企业独立的、官方的网站的重要性,而广义的网站营销不只局限于建立网站这一种方式,只要依托互联网技术实现营销目的的活动都可称为广义的网站营销,比如企业在非官网的网站上投放广告、在搜索引擎上进行竞价排名、添加用户微信进行推销等。

因为广义与狭义的网站营销概念边界较为模糊,广义的网站营销包含狭义的网站营销,所以日常生活中通常不作区分。下文中提及的"网站营销"均指广义上的网站营销。

3.1.2 网站营销的特点

1. 网站营销的优势

(1) 跨时空。互联网作为新媒体,具有跨时空的特点。相比于传统营销,网站营销的营销空间发生了变化。在传统的营销模式下,营销始终处于现实空间中,消费者必须来到商品所处的空间才能够接收到营销信息,从而顺利完成商品购买。但是网站营销打破了这一局限,能够让消费者在一个虚拟空间中获取营销信息、完成商品购买,实现了营销空间的进一步拓展[1]。网站营销的营销时间也发生了变化,企业的营销活动可以随时进行,不用受到实际门店开业时间的限制。网站营销因为营销空间的扩展和营销时间的延长而带来更大的曝光率,提高了营销活动的效率。

(2) 低成本。企业进行网站营销的成本较低,一是普通网站搭建的技术门槛较低;二是企业也可委托专业的广告外包公司进行广告投放。只要借助互联网,企业就可以轻松实现和消费者的沟通。尤其是对于中小型企业来说，网站营销明显比传统营销方式更具经济性。

(3) 强互动。上海交通大学媒体与设计学院的郭炜华认为，新媒体与传统媒体的最大区别在于传播状态的改变，由一点对多点变为多点对多点[2]。互联网的即时性和互动性改变了一点对多点的广播式单向传播模式，传者和受传者之间的距离因为互联网的介入而大大缩短，企业能够和用户进行更频繁、更积极、更及时的互动，除了能够增进用户满意度、促进购物意愿的达成之外，还能够根据用户的反馈对产品和营销策略进行及时的调整。

(4) 多媒体内容输出。传统的营销活动至多通过两种方式呈现产品内容，如电视往往只依靠视频，报纸往往只依靠文字和图片，广播只依靠声音。而网站营销则能整合声音、文字、图片和视频等多种形式进行多媒体内容输出，甚至还可以使用VR、MR等技术，更加全面地展现产品细节，提高用户对产品的了解程度和信任度。

(5) 大范围的口碑营销。在传统营销中，线下好的体验往往很难通过大范围的传播进行口碑宣传[3]。但是在网站营销中，互联网的特性让网站营销能够实现信息的快速传播和大面积覆盖。一方面企业可以通过网站进行大规模的传播；另一方面用户可以自发地在社群中分享该产品和企业，形成企业宣传的合力。

2. 网站营销的劣势

(1) 虚假宣传。为了达到营销目的，部分企业在宣传中会吹嘘夸大自己的产品。夸张甚至虚假的营销宣传并非网站宣传独有，但因为网络传播的速度极快，这种虚假信息会在网络世界飞速传播，造成极大的负面影响。而用户往往很难去线下进行核实。长此以往，企业不仅会失去用户的信任，还会损害自己的形象，严重的甚至会扰乱市场和社会秩序。

(2) 网站营销策略不成熟。虽然营销活动已经有较长的历史，但将营销活动和互联网技术结合起来的网站营销却是近二三十年才出现的新兴事物。部分企业特别是中小企业的网站营销策略并不成熟，许多企业仅仅是"为建立网站而建立网站""为投放广告而投放广告"，并没有形成对网站营销的正确认识和成熟的网站营销策略，容易导致营销内容无法符合消费者的期待，造成用户流失。

3.1.3 网站营销的发展趋势

1. 多渠道结合推广

网站营销有许多营销渠道，如电子邮件营销可以将本企业在行业方面的优势转换为书面材料，对于企业的品牌推广是一个很好的提升[4]；论坛营销可以进行社区传播，扩大营销覆盖面；微信营销可以精准地触达用户，更具针对性；微博用户较多，和微信相比也更加开放，适合进行大型营销活动。企业要从自身需求出发，根据不同营销方案，选择适合自身的网站营销渠道，充分发挥不同营销渠道的优势。企业选择多渠道结合推广，可以取长补短，形成多渠道营销合力。

2. 重视美誉度

当下虚假宣传、货不对版等问题降低了消费者对网站营销的信任度，这就要求企业在网站营销中树立诚信意识。一方面要在相关规范条例的要求下进行网站营销；另一方面要做好售后服务的宣传，重视自身美誉度，才能提高用户的满意度，增强用户购买和重购的意愿。

3. 加强个性化推荐

身处算法时代，企业要利用好算法这个利器，运用大数据分析用户喜恶，运用Cookie分析用户行为，结合算法进行精准的个性化推送，让网站营销更有针对性，提高用户的转化率。

3.2 电子邮件营销

电子邮件营销是网站营销的一种。电子邮件营销，又称为EDM营销、E-mail营销，是最早的网络营销方式，也是信息传递及营销的主流工具之一。电子邮件营销就是在用户事先许可的前提下，借助电子邮件媒介向用户传递价值信息的网络营销活动。"许可""电子邮件""营销活动"是电子邮件营销的三要素[5]。与之区分的是垃圾邮件，垃圾邮件往往缺少上述因素中的一条或多条，并非严格意义上的网络营销。

基于营销内容，电子邮件可分为欢迎邮件、交易信息邮件、激励唤醒邮件三类。欢迎邮件一般在用户注册留下联络信息后向用户发送，其开信率及点击率通常较高，内容一般为欢迎注册、产品介绍服务、使用教学、收购优惠等。交易信息邮件一般是咨询更新、产品推荐、季节商品、订单、收据、优惠码、推荐码等内容。激励唤醒邮件一般用于用户促活，提供优惠给购物车弃购、已完成第一次使用、久未访问的用户，包含活动促销预告、产品问卷调查、新产品发布通知、购物车待结算等内容。

3.2.1 电子邮件营销的步骤

1. 营销资源的获取

电子邮件地址的收集是企业管理的重要事项，贯穿于整个电子邮件营销活动之中，拥有大量、准确的用户电子邮件信息是电子邮件营销活动效果的基础保证[6]。向第三方租赁购买和自我积累是企业获取目标市场用户电子邮件信息的主要方式。首先，向第三方租赁前需要对数据提供商进行声誉调查、客户列表来源调查，以确保数据来源的合法性；其次对用户数据的有效性进行验证，进行试探性发送；最后进行正式的营销。此方式可以快速获得大量的营销资源，但是，这种方式很难实现精准投放，电子邮件成功到达率、开信率等均较低，也有可能被列为垃圾邮件，影响品牌形象。自我积累主要依靠客户线上或线下的注册，可以通过关闭网页前跳出订阅视窗公司网站，滑动页面是显示订阅视窗部落格，利用订阅的游戏体验提升使用者互动(如惊喜转盘)，利用内嵌式订阅视窗吸引读者订阅揭露更多内容(适合内文多的网站)，利用订阅视窗A/B测试找出收集电子邮件名单转化率的最佳方式实现电子邮件名单的积累。但无论通过哪种方法获得的客户数据，都要尽量通过各种方式转换为内部数据。

2. 用户细分与精准投放

用户细分与精准投放是电子邮件营销成功的重要条件，用户是个性化的，将用户根据数据细化分类并精准投放是电子邮件营销的必备策略。可以根据以下两种方式进行用户细分：用户的人口统计数据和用户的使用行为。用户的人口统计数据包括性别、年龄、地域、职业等一系列数据；用户的使用行为包括用户购买产品、收藏产品、订阅、阅读邮件等。通过对用户细分，营销信息的精准投放可以有效与用户建立长久的关系，提高用户的转化率。

3. 设计、寄送电子邮件

邮件内容需要设计成一定的格式进行发行，常用的电子邮件格式包括纯文本格式、HTML格式和富媒体格式，或是这些格式的混合[7]。在设计电子邮件的过程中要注意首先吸引用户打开邮件。在短时间内最容易关注的信息一般是寄件者名称、住址、预览文字等，用体现个性、急迫性的文字吸引用户眼球。其次，打开邮件后吸引用户点击。精练传达信息、减少文字内容、放置优质图片、结尾内嵌其他平台跳转链接、取消订阅选项等均能为用户提供更好的使用体验。

在寄送电子邮件的过程中需要注意邮件信誉及评分的维护，例如，正确设置邮件服务器，使用企业专属的服务器可以更好地获得ISP系统的信任；维持稳定的寄送量，不要过高、过低或波动太大；标题要恰当，避免被当作垃圾邮件。

4. 效果评估，优化邮件

电子邮件营销的优点之一是可以进行数据追踪，寄送量、实际到达量、实际开启信件人数、实际进行点击行为的人数、退信量、投诉量等数据是进行营销效果评估的重要数据。企业需要根据数据进行反思，优化营销邮件，改进营销策略。

3.2.2 电子邮件营销的特点

1. 电子邮件营销的优势

(1) 打破时空限制，受众广泛。互联网和计算机技术的快速发展为电子邮件营销提供了物质基础与技术支撑，相较于传统媒体的传播，电子邮件营销拥有庞大的、无时间和空间限制的互联网络，电子邮件信息可以不受时空限制抵达全球互联网覆盖的任意角落，处于客户端的用户可随时阅读，不受上网条件的限制。据调查，目前互联网上使用最广泛的邮件应用为E-mail，全球约有40亿电子邮件用户，并将持续增加，庞大的电子邮件用户群为电子邮件营销提供了巨大的优势。

(2) 精准投放，针对性强。电子邮件是基于点对点的传播，它能根据订阅者人口统计信息(年龄、性别、地理位置等)、产品兴趣、邮件类型和频率、注册方法、邮件参与度(打开、点击等)、购买频率及平均消费、网站互动情况等数据进行用户细分，精准把握邮件的形式与内容，根据数据分析，在恰当的时间将合适的信息发送给恰当地域的恰当人群，进行定向传播，最大程度地克服传播的无效性和盲目性，这不仅可以提高电子邮件的可传递性，还能提高转化率、点击率及品牌知名度。

(3) 营销成本低。电子邮件营销具有廉价性，只要能接入互联网就可以开展电子邮件营销业务[8]，电子邮件营销可以实现几乎任何营销过程的自动化，节约了企业营销的时间成本，同时节省纸张、打印、邮寄的费用。同时电子邮件能够按照客户需要及时变更广告内容，立即实现传播，极大地缩短了企业产品和服务的推广时间，大幅降低了营销成本。

(4) 具有良好的使用体验。电子邮件具有多媒体兼容功能，集电视等传统媒体的优势于一身，可以实现文字、图画、影像、声音的同步传播。随着计算机技术的发展，强大的软件检索功能为电子邮件强大的交互性提供了可能，电子邮件营销可用电子邮件提供初步的信息资料和背景介绍，通过内嵌超链接的方式提供其他网站的入口，为用户提供更详细的内容，与其他网络营销模式形成互动关系。电子邮件的精准分析实现了信息的个性化投放，为用户筛选、过滤掉不感兴趣的信息，方便受众快速选择需要的信息，自由选择和激活网页。

(5) 交互性强，用户忠诚度高。电子邮件营销实现了信息的双向流动，具有很强的交互性。企业以电子邮件为桥梁，定期向客户进行产品和信息的投放，加深用户对企业的忠诚度，是用户留存的重要手段。用户在使用过程中可以通过电子邮件与商家实现交流，保持良好的互动关系，使商家能够即时、准确地获得大量的用户反馈，而用户反馈为营销效果提供了测量的依据，并直接影响传播的过程和内容，精准定位了市场需求，减少了后续生产的盲目性和不确定性。

2. 电子邮件营销的劣势

(1) 可信度不足。电子邮件的进入门槛低，每个人只需要注册电子邮件账号即可发布营销信息，传播者复杂多元，虚假信息泛滥，黄色信息充斥，垃圾信息成灾，给用户带来了极大的使用困扰，用户对电子邮件的信任度降低，达不到网络广告的促销效果。

(2) 垃圾邮件泛滥。由于电子邮件信息错误率高、市场定位不准确、投递服务水平不高、更新频率把握失当、缺乏后续服务等[9]，部分用户频繁收到无价值的商业广告，导致用户体验受到影响，从而对电子邮件广告产生抗拒心理，使用户的信任度大打折扣，给电子邮件营销的发展带来了巨大的阻碍[10]。

(3) 技术有待完善。电子邮件营销不仅需要高度发达的计算机技术，同时也需要专业的营销策划技术、数据库营销技术，以及营销、决策支持信息系统等营销战略决策技术。真正有效的电子邮件营销需要专业的营销思维与技术操作，但在电子邮件营销过程中部分企业往往会忽视对此的运用。

3.3 搜索引擎营销

搜索引擎营销是网站营销的一种。搜索引擎营销就是利用互联网用户对搜索引擎的依赖性和使用习惯，在获取信息时尽量把市场信息传达给用户。搜索引擎营销的基本理念就是让用户发现自己所需的信息，然后点击进入网页进一步了解信息。企业利用搜索引擎进行广告宣传，使用户能够直接与公司客服进行交流，实现业务增长。

搜索引擎营销主要有两种途径：一种是购买收费的搜索引擎广告；另一种是利用技术手段进行搜索引擎优化。

搜索引擎广告是一种广告主基于自身产品和服务特征，确定关键词，编写广告内容，并自行定价投放的广告[11]。用户检索到了广告商的关键词，就会出现对应的广告，而点击之后，根据广告主的报价进行收费，若不点击将不收取任何费用。

搜索引擎优化是一项技术，它通过对搜索引擎的排序规则的分析，来理解不同的搜索引擎如何进行搜索，如何抓取网页，如何确定特定关键字的搜索结果的排序。它的主要工作是了解其他搜索引擎是如何抓住网页、索引、确定搜索关键字等，然后根据这些技术对网页进行优化，保证网页符合用户的浏览习惯，同时还可以在不影响用户的情况下，增加网站的流量，从而增强网站的宣传和销售[12]。

3.3.1 搜索引擎营销的要素

1. 信息源

搜索引擎对信息源的获取是搜索引擎的基本要素,因此,网络的构建就成为网络营销的基石。因为用户需要从信息源中获得更多的信息,所以信息源不能单纯地从搜索引擎的角度来设计,必须要有友好的用户体验。

2. 收录机会

网站建成后,在网上发布信息,并不一定就能达到搜索引擎营销的目的。如果站点不能被搜索引擎收录,就无法被用户检索到相应的信息,从而无法实现网络营销的目的。

3. 信息优先

只将站点纳入搜索引擎是远远不够的,还要将企业的信息放在最前面,这正是搜索引擎优化所希望的。搜索引擎包含很多信息,所以用户在搜索的时候,会有很多结果,如果企业的信息排在后面,那么被发现的概率会大大减少,也就不能保证搜索引擎的营销效果。

4. 获得关注

从搜索引擎的搜索结果来看,并不是所有的搜索结果都包含大量的信息,用户往往无法一次查看全部的搜索结果,而是在搜索的过程中,挑选出最具关联性和吸引力的内容,然后进入相应的页面,获取更多的信息。要实现这个目标,就必须针对不同的搜索引擎所收集的信息进行针对性的调查。

5. 提供便利

用户点击搜索结果进入网站、网页是搜索引擎营销的基础,而用户的后续行动是搜索引擎能否最终获利的关键。在这个阶段,搜索引擎营销将与网站的信息公布、用户服务、网站流量统计、网络销售等其他网络市场活动紧密联系在一起,既可以为用户提供更多的信息,也可以通过与用户联系,让他们成为潜在客户或是直接购买商品。

3.3.2 搜索引擎营销的特点

1. 搜索引擎营销的优势

(1) 产品的低成本推广。搜索引擎广告是一种能够在任何时间、任何地点进行传播的新型广告形式。同时,在搜索引擎营销过程中,企业所提供的与产品相关的关键字会被那些积极寻找信息的潜在消费者检索到。因此,企业可以有针对性地宣传自己的产品，让更多的用户了解企业的产品，从而达到降低成本的目的。

(2) 高效提升企业品牌形象。搜索引擎的网络营销价值既体现在网站的推广、产品的宣传上，也体现在企业的网络品牌建设与提升上。由于使用搜索引擎的网民非常多，这些人都有可能检索到企业在搜索界面上的网站入口和信息，他们可以通过这一入口深入了解品牌的特色和优势，借此加深对品牌的好感度和信赖感。通过搜索引擎营销，品牌可以增强自身的权威性。用户对一些产品进行消费时，往往会因为对企业的了解不够多而产生顾虑和犹豫，如果通过搜索引擎对企业进行了解，那么用户会坚定购买意愿。

(3) 有利于开展市场调研。企业可以利用搜索引擎进行市场信息的收集、整理和分析，了解消费者的需求、购买动机和行为，以便发现市场机会、更新产品、制定营销组合战略。同时，企业也可以利用搜索引擎获取竞争者的信息，在对比中认识自己的缺陷并进行优化改进，从而增强自己的竞争力。

(4) 精准定位的实现。在搜索过程中，搜索引擎会自动筛选出不合理的、不符合规则的网页，同时根据搜索到的关键字进行分析，从而找到用户想要的信息，并将其整理成相应的信息。搜索引擎营销对用户的定位起到了很好的作用，特别是在搜索结果页中，利用关键字进行广告宣传，能很好地实现与用户所检索的关键字之间的相关性，进而提升营销信息的关注度，提升网络营销的效果[13]。

2. 搜索引擎营销的劣势

(1) 商务达成率低。目前，我国很多企业搜索引擎的运用还处在初级阶段，没有将其纳入营销战略层面。搜索引擎营销的终极目的就是把有浏览行为的客户转变为订单客户。但是，就当前的现实状况而言，当用户点击搜索结果进入企业网站以后，其商业完成率相对较低，这就是搜索引擎营销面对的主要问题[14]。

(2) 搜索引擎信任危机。一些企业在做广告时，缺乏诚信经营观念，没有承担起社会责任，做虚假广告。如果搜索引擎过于依赖竞价排名，就会产生一种追求利润最大化、忽略公众利益的现象，从而导致了公众信息和个人信息的混淆，导致产业身份与产业逻辑的冲突。由于消费者在获得信息时处于绝对的劣势，很难对大量广告的真伪进行有效的鉴别，只能通过媒体的表面信息来进行间接的判断。一些无良企业利用搜索引擎的"权威性"来欺骗广大的用户，当用户利益受到损害后，就会对搜索引擎产生不信任，从而减少对搜索引擎的使用。

(3) 市场高垄断问题。由于搜索引擎行业的门槛比较高，国内搜索引擎越来越多，众多的同类网站为争夺有限的搜索引擎推广位置而竞争，势必增加关键词点击费用。高垄断的搜索引擎市场以及关键词广告投放并不能完全挖掘出搜索的用户，尤其是现在的竞价排名制度，更是会影响到搜索结果的公平性，也会影响到搜索内容的真实性[15]。

(4) 相关法律问题。搜索引擎利用它的"爬虫"在网上获取网页时，会获得非法的个人资料。例如，利用Cookies将用户留在站点的信息进行存储，并对其特征进行分析，从而向用户发送垃圾邮件。搜索引擎也一直面临着"网络侵权"的问题，在没有版权的情况下，用户浏览和下载等行为，都可能认定为侵权[16]。

参考文献

[1] 李文生. 大数据时代下网络营销运行的痛点及对策[J]. 营销界，2022(16)：65-67.

[2] 马智萍. 新媒体营销策略研究[J]. 中国集体经济，2014(16)：55-56.

[3] 陈秋蓉. 互联网时代的市场营销模式思考[J]. 中小企业管理与科技(下旬刊)，2016(1)：131-132.

[4] 薛伟莲，李倩影. 新媒体环境下中小企业网络营销发展策略研究[J]. 电子商务，2015(10)：53-54.

[5] 张学兵，陈玉兰. 浅谈网络营销中的E-mail营销[J]. 经济研究导刊，2012(19)：186-188.

[6] 张晓杰. 以客户价值为中心的电子邮件营销的研究[D]. 上海：上海交通大学，2007.

[7] 张全伟. 电子邮件营销[D]. 北京：清华大学，2004.

[8] 陈玉山，庄小将. 电子邮件营销SWOT分析[J]. 科技和产业，2007(9)：29-32.

[9] 崔明，马千里. 基于顾客价值的整合型E-mail营销模式研究[J]. 开发研究，2010(02)：125-128.

[10] 黄兴. 电子邮件营销的优缺点浅析[J]. 现代商业，2012(16)：94-95.

[11] 殷存举. 搜索引擎优化技术研究[J]. 软件工程师，2014(7)：40-41.

[12] 刘玉娥. 网站搜索引擎优化技术分析[J]. 信息化建设，2015(3)：63-66.

[13] 李凯，邓智文，严建援. 搜索引擎营销研究综述及展望[J]. 外国经济与管理，2014，36(10)：13-21.

[14] 王桂玲，周文华. 搜索引擎营销存在的问题与发展趋势[J]. 信息系统工程，2010(12)：78-79，111.

[15] 王能辉. 关于搜索引擎营销的几点考虑[J]. 计算机光盘软件与应用，2011(17)：4-4.

[16] 蔡志强. 搜索引擎竞价排名的经济机理及策略分析——兼论厂商广告竞争策略[J]. 北京工商大学学报(社会科学版)，2013(1)：121-126.

第 4 章 数字电视营销

新媒体时代的数字电视广告模式不断创新,整合营销的趋势日益显著,其商业模式也逐步确定,其行业价值将更加突出。

如今,国内拥有有线数字电视的家庭多达19 889万户,形成了一个巨大的市场。它与传统的电视节目所使用的模拟信号不同,从节目采集、制作、节目传输一直到用户终端都以数字方式处理信号,使其能够与电信网络、互联网等信息兼容。数字化使传统电视节目得以在电信网络、互联网上播出,拓宽了电视节目的传播途径。除了电视节目,有线数字电视网络还可以传输其他信息,用户可以在电视上完成点播、上网、下载等功能,真正实现了三网合一。数字电视新媒体就是利用微电子技术、计算机技术、网络技术,通过数字电视向用户提供信息和一系列娱乐服务的媒体形式。数字电视新媒体的出现,不仅使电视节目在技术、传播手段上发生了翻天覆地的变化,它的交互性、个性化及频道的特殊性,更使整个广播电视的媒体形态发生着变化[1]。随着新媒体技术与互联网行业的迅速发展,我国数字电视在信息时代的营销中所占的优势再次受到了一定程度的削弱。在此背景下,本章探究数字电视新媒体的传播特点、现状与发展趋势,分析数字电视广告营销的类型与特点,最后反思数字电视新媒体广告行业存在的问题并提出相关建议。

4.1 数字电视新媒体

4.1.1 数字电视新媒体的传播特点

1. 一对一传播

每一台数字电视相当于一个接收终端,数字电视节目提供的付费电视、点播和资讯服务等功能可以根据用户的需要传送到每个家庭,不同于过去模拟电视时代那样进行点对面的传播,数字电视采用的则是点到点的、一对一的传播。

2. 交互式传播

数字电视的双向交互特性,使传统的单向传播模式发生了变化,从单一的点对点、我播你看向双向互动转变,克服了过去媒体单向传播的弊端,观众可以与节目互动,也可以实时订阅节目，甚至反馈并提出建议，让使用者的选择更加多样化[2]。

3. 可以实现非同步传播

数字电视能够进行非同步传播，也就是说，它可以使节目播放与用户观看节目非同步进行，并可以根据用户需求将已播放的节目和信息提前传输并保存到数字电视的接收终端中，这样，用户就可以选择一个方便的时间来收看这些内容。如果用户有兴趣，还可以重复播放和观看。以往用户收看电视节目必须与电视节目传播同步进行，现在观众随时观看电视节目而已不再是问题，受众再也不用一味被动地接收信息，而是把握了越来越多的信息传播主动权。

4.1.2 我国数字新媒体的现状

根据国家统计局公布的广播电视电影事业发展状况的数据来看，目前我国电视节目综合人口覆盖率为99.59%，数字电视实际用户数已达19 889万户。经过多年的发展，国内的数字电视技术日趋完善，数字电视已经成为家庭中常见的电视类型，有线数字电视、卫星数字电视、IPTV电视和地面数字电视的用户人数呈稳定的上升趋势。同时，随着网络技术的飞速发展，对数字电视的巨大冲击和严峻的挑战也不容小觑。

1. 有线数字电视

有线数字电视是在我国占据主导地位的电视信号接收方式。从最早的闭路电视到有线电视，再到现在的有线数字电视，目前最大的问题是收费电视的使用者数量一直处于停滞状态，很多用户对付费节目产生了抗拒的心态，选择收看付费节目的观众人数也越来越少，同时由于网络电视等新形式的出现，导致有线数字电视未来的发展受到了很大的阻碍。

2. 卫星数字电视

卫星数字电视是一种通过卫星传输或转播电视信号的无线通信业务，用户通过卫星天线、高频头和接收机设备来收看卫星电视节目。卫星通信距离远、通信线路多、通信质量好、应用灵活、适应性强、使用成本低、易加密加扰，这些特点让它仍占有一定的市场份额。

3. IPTV电视

IPTV电视是通过宽带网络收看电视节目的一种形式，用宽带作为传送电视信息的媒介，并能实现视频直播和点播功能。2022年1月，IPTV电视8K分辨率超高清直播业务正式开通，用户在家中就可以享受到8K超高清直播和点播服务。

4. 地面数字电视

地面数字电视是一种以公益为导向、不收取费用、不加密、不牟利的商业运营系统，是保障广大群众接收数字化广播电视的基础。它需要接受电视塔发出的地面数字电视信号，用户才能收看电视节目。

4.1.3 数字电视新媒体的发展趋势

1. 频道生存方式改变

由于数字信号是可以压缩和传输的，原本一个频道的带宽经压缩后，能容纳4个及以上的频道。数字电视的频道资源得到了大幅度的增长，但频道的增多不可避免地削弱了频道的价值。另外，虽然每一套节目所占用需要的频带变窄，能够在有限的频道资源加入更多的节目和内容，使得节目内容也变得更加丰富[3]，但是大部分观众都有一个固定的收看时段，因此观众能够分摊到每个频道的注意力就会相对减少。这种改变无疑刺激了各频道之间和各电视台之间的竞争，迫使电视频道在接下来的发展中调整自身的定位，发挥优势，树立自己的特色。

2. 节目形态变化

在数字电视技术经历了由模拟信号到数字信号的转换后，电视节目的制作、发射和传输转向多元化和多内容，数字电视所能提供给用户的功能越来越多，数字电视新媒体满足了更多观众的新需求，成为集娱乐、影视、通信于一体的信息终端和多功能娱乐中心。在数字媒体时代，数字电视用户可以直接通过遥控器、鼠标甚至更多设备进行实时互动和沟通。这种交互性打破了传统的单向节目创作模式，电视节目中增加了更多的互动功能，比如投票、竞猜等。数字电视的节目形态也应该适应这种功能和角色上的转变。

3. 盈利模式变化

在传统电视时代，广告是主要盈利来源。随着数字新媒体的到来，数字电视的营收来源包括广告费、内容销售、收视费、应用服务费、政府补贴等。在广告费用比重持续降低的今天，数字电视必须利用其自身的资源，更加注重内容制作，主动参与市场竞争，依靠版权和节目的收益拓展数字电视的应用服务，但这也意味着要有适当的激励机制和更多的市场规范。

4.1.4 数字电视新媒体广告的类型

数字电视新媒体广告是经由数字电视新媒体传播的广告形式，以文字、图片、视频、音频等多种媒体形式呈现的新型广告资源，具有丰富的表现力和感染力。数字电视新媒体广告分为三大类型，分别是EPG广告、增值业务广告、交互广告。

1. EPG 广告

EPG即电子节目菜单(electronic program guide)，是指当数字电视用户在观看电视节目时，运用导航选择电视节目所展示的信息。而EPG广告通过这种信息进行商业推广，是一种在电视上进行广告传播和投放的方式。EPG广告是一种很常见的广告形式，主要有开机广告、换台广告、音量条广告、列表广告等类型。

(1) 开机广告，是指在打开电视机后，用户所看到的整屏广告画面，这是数字电视广告中版面最大的一种广告类型，其中大部分是以图片和短视频的形式呈现的。开机广告具有到达率高、冲击力强、覆盖率高、受众关注度高等优势。

(2) 换台广告，是指用户观看直播频道更换频道时，在换台标志旁边出现的挂角广告。根据频道号、用户属性等，换台广告的内容也会随之发生变化。换台广告窗口会在一定的时长或者其他按键操作后自动消失。换台广告具有全时段覆盖、频次高、无缝隙、频道转换必看的特点。

(3) 音量条广告，是指在电视播放过程中，当用户调整声音时，会显示在音量大小周边的广告。经过一定的时长或者其他按键操作后，该广告就会自动关闭。音量条广告同样具有全时段覆盖、频次高、无缝隙的特点。

(4) 列表广告，是指当数字电视用户观看电视频道时，单击遥控器"确认"按钮，随频道列表信息一起出现的广告。列表广告画面会根据用户切换频道而发生变化，并且在选定频道之后消失。列表广告具有不受时间限制、可重复收看的特点。

2. 增值业务广告

增值业务广告是电视运营商通过机顶盒提供给消费者的比基础业务更好、更周到的服务时出现的广告[4]，如提供互动点播和重播回看等服务时出现的广告。增值业务广告形式丰富，主要有贴片广告、过场广告、暂停广告、导航条广告4种形式。

(1) 贴片广告，是指用户选择回看等增值服务时出现的短视频广告。这类广告通常会在节目内容播放前插入15～60秒。贴片广告具有画面大、到达率高和精准触达目标受众等优势。

(2) 过场广告，是指用户在回看节目或者点播视频时，看到节目开始或者结束的时候，屏幕中间会出现一个播放提示。这时，一张静态的广告画面会出现在页面的右侧，在用户进行其他操作后就会消失。过场广告不受时间限制，不限播放次数，能做到频道回看全业务覆盖。

(3) 暂停广告，是指用户点播、回看时按下暂停键后出现的广告，展现形式一般为半屏大小的图片。暂停广告具有停留时间长、精准触达目标受众等优势。

(4) 导航条广告，是指用户通过遥控器按键来控制电视节目进度时出现在导航条右侧的广告。导航条广告具有用户主动触发、到达率高、频道回看全业务覆盖等优势。

3. 互动广告

互动广告是近年来出现的一种新型的数字电视新媒体广告形式。依托于数字电视的双向网络，互动广告实现了电视观众与电视广告的实时互动。英国于2000年率先推出了数字电视互动广告，即"DAL(dedicated advertiser location)"。在DAL广告中，观众可以通过点击遥控器上的红色按键，进入该广告相关的交互环境，从而获取更多的商品资讯和其他娱乐活动。数字互动广告有灵巧的编排形式，例如将电视画面分割成一个或若干个画面，再辅以互动菜单，让观众可以通过遥控器的方向键来控制屏幕上的移动菜单箭头以选定想要的内容项目[5]。这样不仅实现了与用户的直接互动，还逐渐建立起消费者和产品的联系，有效延伸了电视观众的品牌体验。目前，我国互动广告主要有两种形式：交互广告和直播增强广告。

(1) 交互广告，是指用户观看电视节目内容时，以小窗口的形式分布在电视画面边沿，同时随着电视内容变化发生位置变化的广告。交互广告在播放时将会自动聚焦到当前的广告页面上，用户可以在遥控器上按下返回键退出当前的广告页面。

(2) 直播增强广告，是指在电视节目直播过程中出现的相关信息广告，观众可以通过遥控器与电视屏幕中正在直播的内容进行实时的交互。例如，用户参与节目互动或投票时，可以借助直观简单的方式拓展更多互联网功能，从而提升用户的参与度。

4.1.5 数字电视营销的特点

1. 广泛性

数字电视新媒体广告的目标群体是以传统数字电视观众为主体的。这一平台将来自多个渠道的数据资源融合在一起，只要用户使用机顶盒，就能接触到投放在平台上的广告。国家统计局发布的《中华人民共和国2022年国民经济和社会发展统计公报》显示，我国有线电视实际用户1.99亿户，其中有线数字电视实际用户1.90亿户。数字电视新媒体广告因具有广泛的观众群体，在全国所有省、市、县范围内得以全面、广泛推广。

即使互联网时代新媒体平台吸引了部分年轻受众，但数字电视凭借其点播、回看等功能，以及大量的互动增值应用，提高了观看的自由度，从而将一部分不看电视的用户重新吸引到数字电视平台上来。

2. 多样性

数字电视新媒体广告呈现不同的表现形式，比如目前常见的、占市场大部分的开机广告、贴片广告、过场广告等。随着增值业务、互动功能与各种衍生服务的发展与革新，数字电视广告的形式也会更加丰富，并不断发展更新。

3. 强制性

数字电视的开机广告具有开机必达的特点，即启动广告或转台广告时，机顶盒与遥控器同时进行，广告将伴随使用者的动作而呈现，广告的覆盖面与广告到达率相等。与此同时，其他形式的新媒体广告也存在于消费者的观看过程中，具有一定的强制性收视特征。

4. 高到达率

数字电视新媒体广告与使用者在不同的收视行为中同时进行，具有100%的到达率，不受电视频道、收视率、观众的喜好等因素影响，24小时不间断地播放，只要使用者打开电视，或通过远程控制，就能多次看到数字电视的广告。

5. 精准投放

随着数字电视与新媒体技术的结合，数字电视广告商与大数据公司进行商业合作，利用日益成熟的大数据分析技术，对用户的收视习惯、收视行为进行采集并精准分析，最终形成用户画像，根据不同的行为偏好等投放相应的个性化、指向性的广告内容，对数字电视新媒体广告传播效率与准确度的提高有十分积极的效果，最终精准地抵达受众，达到广告投放效果的增强[6]。

与传统电视相比，数字电视将所有的受众转化为可感知的使用者，而每一位受众的观看行为均可寻址、实时监控。因此，可借由实时的、可控制的资料监控，及时了解受众的需求，如节目需求、广告需求、资讯服务需求等。这就很好地解决了传统的电视广告受众信息不明确的问题，而且由于受众的身份真实，可以实现对特定群体进行定位，从而达到更精确的定位。

与此同时，对受众需求的及时把握也将直接影响到电视节目与广告的排布，从而促进数字电视公司对电视节目的编排与广告的投放进行及时改进。这就使数字电视广告的传播更具针对性，从而减少了传播费用，增强了广告的可控性。

6. 性价比高

与传统电视广告、网络广告、户外广告相比，数字电视新媒体广告在广告成本上有明显的优越性，广告公司花费较少的费用即可投放广告，其广告价格远远低于其他广告形式，具有极高的性价比。

7. 用户体验感佳

数字电视广告是依托于数字技术进行的，其对受众的使用感受不会产生太大的影响。启动广告，占用系统启动的时间，不会对用户的正常收视产生影响，也不会导致开机延迟；换台广告，在转播过程中的角落出现，每个广告位置都是独一无二的，得到了广泛的用户认可，不会影响到受众的正常观看节目；插播广告，在观众观看视频的过程中呈现广告，广告的存在感不强，很好地平衡了电视内容与广告营销，从而达到了一个均衡的效果。并且，所有的数字电视广告都是在免费时段内进行的，拥有单独的发行平台，不会给用户带来任何影响，也不会影响用户的体验[7]。

4.2 数字电视营销存在的问题

在当今网络时代信息技术迅猛发展的背景下，传统的媒体产业受到了空前的冲击。与此同时，我国的电视媒体产业也因数字电视技术的飞速发展拥有了新的发展机遇。近些年，数字电视在我国的普及率非常高，收到了较好的经济效益。在科技水平不断提高的今天，人们对日常生活的要求越来越多样化，网络信息技术的迅猛发展也逐渐制约着电视行业的发展。

1. 地域模式的局限性

目前，国内的数字电视新媒体广告尚未突破传统的区域运营方式，致使其在市场上的价值被低估。在实际的经营运作中，国内市场的广告投放基本上都是以本土消费者为主。本土广告倾向于导引式、贴片式、航条式、回放式，这些广告主要是为了其季节性的推广或竞争性的广告宣传，更注重"口碑"的宣传[8]。此外，目前的数字电视按照地域媒体的定位，继续采用传统的电视广告结算方式，使其长期的价值难以体现和扩展，与运营商的利益预期不符。

2. 在网络平台的冲击下失去优势

随着新媒介技术的兴起和迅速的发展，数字电视在信息时代的优势逐渐减弱。目前，网络产业已成为电视媒体产业的最大竞争者，网络技术在市场上占据了先机，对数字电视的市场销售造成了很大的负面影响。

3. 形式缺乏创新

随着科技与新媒体的发展，媒体呈现多元化的形态与发展趋势，同时也给消费者带来了更多的选择。网络以其丰富的信息和良好的互动关系，逐渐取代了电视在年轻一代心中的位置。目前，数字电视的用户以中老年为主，其广告还是主要以传统的开机广告、换台广告、音量条广告为主，在形式与内容上并没有太多的创新。

4. 营销观念落后

由于政府对广播电视行业的大力支持，大多数的数字电视公司都过于依赖政府，缺乏竞争意识。近年来，随着新媒体平台的兴起与发展，更多的数字电视用户转向互联网平台，传统数字电视用户不断减少，广播电视行业的管理者迟迟醒悟，尽管他们利用各种营销手段和网络思维，试图迅速占领市场，但网络公司已经将数字电视公司远远地抛在了后面，无论是技术还是营销手段，数字电视行业与互联网行业的差距越来越大。所以，在市场推广方面，除了要做到专业化、精准化之外，还要注重提高整体的营销水平和营销质量。

5. 数据支持不足

收视率作为数字电视行业的"通用货币"，是广告信息交易的关键所在，而数据服务作为辅助以及价值评估的标准，是不可或缺的一部分。数据支持在对数字电视广告业务的网络运营商、广告企业和广告客户的商业评估、广告效果评估过程中发挥着关键作用。对于广告企业来说，数据支持对于企业进行准确的市场营销战略具有重要作用。目前，国家还没有完备的数字电视的数据支持系统和产业监控标准。这种数据支持的缺失对广告投放的决策与数字电视广告价值的评估都产生了负面影响。

4.3 数字电视营销的发展建议

在尽管数字电视新媒体广告在一定意义上改变了数字电视行业在国内信息条件下发展的不利局面，但是在与新媒体营销相融合的过程中，仍然有许多问题亟待解决。为此，有关企业和营销人员必须采取行之有效的对策，对数字电视的营销方式进行优化。

1. 积极开发市场

由于数字电视在市场上的投资存在着现实的问题，各有关部门要积极开拓新的市场，从消费者的视角出发，从而在市场上建立起自己的竞争优势。当前，信息技术的飞速发展使人们获得信息的渠道日益拓宽，其需求也呈现多样化特征。因此，必须通过不断优化自身网络结构，提高用户体验，以达到更好的市场效果。

2. 提升电视广告的创意体验

在新媒体时代，消费者主动获取和分享信息，其深度消费需求日益增长，因此，广告商必须通过体验式的广告诉求来吸引消费者,加强与消费者之间的互动,使其参与到广告的传播过程中,实现更强的传播效果。

为更好地开展数字电视营销,可以运用电视传媒的多种手段,通过图像、声音、场景等多种方式,给用户提供不同的视觉、听觉、触觉等立体化感官体验,有效且强烈地激起观众的购买欲望。

3. 扩展媒体平台

三网融合策略的实施,不仅使得数字电视实现了数字化、网络化,还尝试探索开发新媒体平台,利用新媒体平台打开更多的传播渠道与方向,既满足了受众的观看需求,也能实现广告商的营销与收益需要,建立起多元媒介的新媒体数字广告平台[9]。

通过电视媒体与网络、电脑、手机、车载系统等各种数字终端商的融合与互补,电视用户在任何时间、任何地点的观看需求都能得到满足,随时随地都能收看新鲜资讯,满足娱乐消遣的需要。通过数字电视新媒体广告的整合营销策略,广告营销与电视播出内容有机结合,使受众更友好地触及广告,实现多次传播。

同时,要在电视媒介中引进互联网品牌展示平台,建立属于自己的独特的电视传媒网站,使受众能够及时地从这个平台上获得新闻资讯。同时,这个平台也是电视与受众进行互动的媒介,可以激励受众积极地参与节目的制作和传播中,增强了群体之间的互动,从而弥补传统的有线电视单向和远程控制的弊端。此外,平台还可以作为电视媒体的延伸,每日在平台上同步播放广告,扩大广告的传播广度和影响力。

4. 利用大数据进行精确分众投放

首先,大数据技术对用户信息进行收集、提炼与分析,电视广告的精准投放才能得以实现。大数据技术是实现精准广告投放的先决条件,它可以为我们提供大量的、实时的、动态的、完整的样本数据,并加以量化。现在,大量的广告能够精准发布,就是因为大数据技术将消费群体、消费需求、消费偏好等因素都记录下来并准确量化[10]。

其次,通过运用大数据技术,广告商对目标用户进行准确定位,发掘用户潜在的购买意愿,从而对广告投放的过程进行调整与把控,达到精确的分众投放。

随着数字电视新媒体技术的发展,作为覆盖广泛、到达率高的高质量广告媒介,数字电视新媒体行业迎来了重要的发展契机与广阔的发展空间。广大电视传媒企业应该积极实践,优化数字电视的市场营销结构,对数字电视广告的形式与内容进行创新,用大数据技术实现精准投放,实现数字电视在信息时代的进一步发展,共同推动中国电视新媒体广告的健康、快速发展。

参考文献

[1] 王炜. 新媒体时代电视广告传播现状及策略研究[J]. 西部广播电视，2018(1)：30-31.

[2] 朱晓婷. JSCN数字电视广告的营销创新策略研究[D]. 南京：南京师范大学，2016.

[3] 郭鉴. 英国数字电视互动广告格式和应用策略[J]. 传媒，2007(04)：68-69.

[4] 姜肖炯，郑继红. 数字电视广告业务的探讨[J]. 有线电视技术，2012，19(11)：71-72.

[5] 冯怡. 互联网时代我国数字电视广告创新路径研究[D]. 杭州：浙江工业大学，2017.

[6] 王冰灿. 大数据时代下广告精准投放的实现策略[J]. 传媒论坛，2019，2(23)：20-21.

[7] 乌力吉那仁. 有线数字电视新媒体广告业务发展趋势研究[J]. 数字传媒研究，2018，35(10)：28-33.

[8] 梁凌霄. 一种地面数字电视多频网中EGP广告系统分区投放技术的探讨[J]. 电子技术与软件工程，2014(2)：57.

[9] 乌力吉那仁. 有线数字电视新媒体广告业务发展趋势研究[J]. 数字传媒研究，2018，35(10)：28-33.

[10] 李天雁. 地面数字电视发射机功放运行原理分析及其故障维护思考[J]. 西部广播电视，2021，42(19)：220-222.

第 5 章　微博营销

微博是一个基于用户关系的分享、传播以及获取信息的平台,用户可以通过互联网以及各种客户端创建个人主页及社区,以发布内容并即时分享[1]。国际上最早、最具影响力的微博平台是美国的推特(Twitter);国内最具影响力的文字微博平台是新浪微博。新浪微博作为媒体化、社会化、融合化的社交网络平台,在以流量、内容为王的互联网时代占有绝对话语权。因此,本章主要围绕新浪微博平台展开分析。

5.1　微博营销概述

1. 微博营销的概念

微博营销是指企业或个人借助微博这一社交网络平台,影响参与微博受众,为企业或个人创造价值的一种营销方式。

2. 微博营销的特点

(1) 门槛低、成本低。企业进行微博营销通常只需要发布消息,微博的信息发布远比需要耗费大量时间构思的博客文章容易。同时,微博营销与具有同等效果的广告相比成本更低,受众范围更加广泛。目前,微博的开通是免费的,用户注册成功后就可以使用,几乎是零成本。

(2) 覆盖面广、浏览人数多。微博平台不仅支持多种型号和系统的手机登录,还可以享受多终端同时登录的优势[2]。并且,在微博营销中,话题的讨论受到的限制较小,微博上受众发言是较为自由的,这种开放性的平台特点也使得微博吸引了众多受众。在营销效果方面,如果想进一步提升营销效果,可以选择一些名人效应或热门话题来增加流量和点击率,使事件的传播得到几何级增强。

(3) 传播速度快。微博营销相比其他营销方式而言,具有不可比拟的超快传播速度。当一个用户在微博上发布内容时,粉丝可以实时查看,互动转发,微博本身的超大流量会使得这条微博在短时间内就达到最高人数的点击率。这一特点的典型案例就是 2018 年国庆期间支付宝在微博平台发起的"中国锦鲤"活动,支付宝官微的抽奖微博在发布后短短几小时之内就获得了百万阅读转发量,超低中奖概率下产生的"锦鲤"吸引了话题和热度,而豪华的奖品和只需要转发和评论的参与方式更是让许多网友乐于尝试，辅以微博的超快传播速度，使得此营销活动获得了病毒式的传播效果。

(4) 立体化传播效果好。微博营销投入少，效果好，相比传统营销模式可以在短期内得到最大的营销收益，这是因为微博营销的方式是立体化的。微博营销可以使用种类丰富的多媒体形式，如文字、图像、视频等，使受众群体更加方便、更加形象地接收和理解信息，从而吸引更多的受众。以人民日报为代表的很多传统媒体把微博作为自己的重要运营平台，相比传统纸媒效果更好。在传统媒体时代，人民日报的新闻传播模式趋于严肃、严谨；然而在微博平台上，其风格发生了一些变化，注重拉近与受众的距离，通过图文、视频、动画等多种形式增加了亲和力，树立良好的媒体形象。

(5) 互动性强。微博营销的显著特征是互动性强，在微博平台企业能实现与粉丝的即时沟通，拉近与受众的距离，使企业与粉丝之间建立起良好的互动关系。以品牌"杜蕾斯"为例，它能在众多的同类品牌中脱颖而出成为知名品牌的一个重要原因是在微博平台的拟人化互动方面做得较为突出。杜蕾斯不仅会通过转发抽奖的互动方式吸引粉丝，还时常在微博平台@一些其他品牌，如在2017年感恩节杜蕾斯喊话众多品牌。杜蕾斯官方微博的拟人化互动让受众产生亲切感、信任感和认同感，由此获得了显著的微博营销效果。

5.2 微博营销的模式

目前，学界对于微博营销模式尚未有统一的阐释，本章将从两个角度对微博营销模式进行分析。

5.2.1 微博营销的方式

1. 业务式微博营销

一些企业通过微博发布一些促销信息或销售链接，促进自身产品或服务的销售。这一类微博营销模式就是业务式，可以直击用户内心，具有较强的针对性，企业也可以从中较为快速地获取收益。

2. 推广式微博营销

这类微博营销模式主要是以推广企业品牌为目标定位，目的是通过微博营销在用户心目中建立良好的企业品牌形象。比如一些品牌总是通过官方微博号向用户发布一些关于公司的重大新闻活动或者新产品的发布日期等，以提高企业知名度和声誉，向用户传递企业的品牌形象。

3. 互动式微博营销

这类微博营销会营造出一种和谐轻松的氛围，让用户有亲近感，企业不断向用户传达关怀，进而展现公司以用户为导向的概念，吸引更多的用户关注，提高用户黏性和品牌认知度。在这点上，小米公司做得尤为突出。小米利用微博平台获取新用户，在产品开发过程中主动让粉丝参与其中，回应粉丝提出的建议和要求，同时小米"全民客服"的模式也保持了与粉丝的持续对话。这种互动体验极大地增强了用户的主人翁感，获得了很好的营销效果。

5.2.2 微博营销的角度

1. 知名博主营销

知名博主直发内容，是现在很多品牌方会选择的打通微博市场的营销方式之一，客户会委托媒介向MCN机构(multi channel network，意为多频道网络，又称网红孵化机构)推荐最适合品牌或产品调性的知名博主，围绕该产品或品牌进行博文内容的输出。知名博主发布相关内容输出以图文结合、视频口播为主，辅以品牌在宣推环境下提供的奖品，吸引更多用户的同时维护了与原有粉丝之间的互动。粉丝基数大、黏性高的知名博主自带流量，扩大了品牌产品曝光度，带来更多的转化和购买。

2. 信息流广告投放

信息流广告投放是品牌维持长期曝光及累积收益的选择。针对前期品牌广告资源已触达或潜在触达的用户，以信息流广告的形式二次精准触达，使品牌产品被用户感知、理解和记忆，沉淀品牌用户资产，实现更高效的转化。此类广告一般出现于微博首页博文中、博文下方、相关博文推荐等位置，信息流通过广告产品精准定位博文投放人群，以多种博文内容形式呈现，适用于微博全场景投放营销。同时广告精准触达，搭配KOL内容宣发，投放给相关联同垂类博主账号，拓宽更多营销场景，可以随时提升博文曝光量，精准传递给品牌方所需要的分类人群进行关注，有效达到互动量提升、涨粉等目的。

3. 微博固定广告位

微博本身就是一个曝光度较高的平台，在这个平台上做广告营销，必将发挥出不可估量的作用。当前常见的微博固定广告位包括微博宣传固定站位、开机报头、微博热搜固定广告位、微博热搜页横幅广告、地区热搜等形式。微博固定广告位具有强曝光能力，吸引各类用户关注，实现快速出圈。

5.3 微博营销的策略

1. 精确定位

进行准确的用户定位对企业微博来说是极为重要的。许多企业虽然微博粉丝数量庞大,但是没有取得理想的宣传效果,原因之一就是没有精准锁定用户。企业需要了解目标用户的兴趣和喜好,发布与他们的喜好相关的微博,以吸引目标消费者的关注。

2. 创造价值性内容

企业进行微博营销的目的是宣传产品、实现收益。为了从众多企业微博中脱颖而出,微博内容必须是有价值的。需要注意的是,宣传类信息不应占到微博的10%以上,更多的信息是用户感兴趣的内容,比如资讯、产品故事、生活小窍门等。

3. 微博风格具有个性化

个性化不仅有助于推广企业或其他组织的产品,而且通过反映其文化和独特的品牌风格使其与其他品牌区别开来[3]。如杜蕾斯微博赋予产品以生动的形象,让用户感觉它是一个有感情、有思考力、有个性的人,这样可以持续累积用户和关注度。

4. 连续性发布

定时、大量的企业微博发布有利于该时段在用户微博首页实现"霸屏"。但相较于数量来说,微博内容质量更为重要,大量低质量的内容会引起用户反感,适得其反,所以要采取适度发布原则。

5. 增强互动性

微博是一个互动的平台,转赞评抽奖(转发、点赞、评论、抽奖)、有奖竞猜、投票等机制是主要的微博互动方式,但要想长期保持用户黏度,企业微博应与用户进行情感互动,积极回复粉丝评论,体会粉丝的感受,从而建立企业和用户的情感联系。

6. 专业性管理和有效控制

微博平台信息的传播速度非常快,任何信息尤其是负面信息一旦扩散后会对企业产生巨大影响。企业应该意识到微博营销的重要性,设置专人管理企业微博,谨慎发布博文,积极引导用户,并建立专业的风险监测机制,及时跟进控制局势[4]。

5.4 企业微博的运营

5.4.1 企业微博的运营原则

1. 注重发布连续性

定时、定量、定向地发布微博,为运营账号的目标受众培养定期查看微博内容的思想习惯。

2. 注重运营个性化

"关系"与"互动"微博的两大特点,运营要围绕平台特点,更注重展现账号的特色与个性,要有情感丰富、理智特性的思考回应,这样才能持续性积累高黏性粉丝。

3. 注重加强互动性

账号持续发展的关键在于互动性。企业传递信息要注重信息与趣味相结合,更多以粉丝感兴趣的方式发布传播内容。常见的高趣味互动形式以"活动内容+奖品+关注(转发/评论)"三步展开[5]。

4. 注重定位准确性

企业微博能否成功实现商业价值在于粉丝的高转化率,取得高转化率的要素是高质量粉丝,在运营时要注重聚焦于这类粉丝所关注的信息,而非单纯关注粉丝数量的上升。

5.4.2 企业微博的内容运营

对于企业微博来说,内容运营遵循多形式的原则,通过日常运营与事件营销相结合的方式进行。

1. 日常运营

日常运营分为四大板块:发布原创微博、转发热点微博、维护重点微博、精准筛选并寻找重点客户关注。除此之外,在发布的微博中须注意展现独特性和趣味性,吸引粉丝积极参与,并适当地融入品牌因素,在交流中将品牌价值传递出去。

2. 事件营销

事件营销内容分为两大板块:一是借势营销;二是造势营销。"势"指热点事件。

(1) 借势营销。企业微博借符合品牌形象、定位,契合度高,消费者更易认可的热点事件,推出符合社交网络营销追求的"有趣大胆、反应迅速"的营销,为自身引流。例如,海尔官方微博转发及评论罗晋、唐嫣公布恋情这一热点事件,这样新奇有趣的表现吸引了众多用户关注，为海尔带来了近3万的转发量与1万多条评论，不费"一针一线"，海尔便成功借热门事件博得了大众的眼球。

(2) 造势营销。在新媒体背景下的微博造势营销，使得企业对活动的计划不再仅限于大规模的事件，而是可以从小处着手，一条简单的微博，或是一次吸睛的创意宣传，都可以带来大量粉丝互动，并引发粉丝的自发传播，大幅度降低营销成本。在进行线下的营销活动时，企业也可以在官微上进行相应宣传，充分计划好从预热、活动爆发到后续的长尾效应的整个营销过程，线下线上联动营销，将传播效果最大化。营销流程大致分为以下几大模块：前期主题活动方案拟定；中期活动信息发布收集；后期实时关注并转发及评论活动亮点内容；内容相关的明星红人、KOL、草根领袖转发，持续为活动吸引流量；活动信息关键词监控进行舆情控制、活动效果分析、优化方案等。和其他所有的营销活动相同，造势营销旨在传递品牌价值，扩大品牌声量，吸引消费者购买。

参考文献

[1] 匡文波.新媒体概论[M].北京：中国人民大学出版社，2019：92.

[2] 李立.信息时代背景下微博营销的模式与价值分析[J].商业经济研究，2016(10)：49-51.

[3] 黄桂梅，陈惠卿.对微博营销的探讨[J].电子制作，2013(10)：75.

[4] 单文慧.基于微博营销的旅游产品营销探讨[J].商业经济研究，2017(15)：57-58.

[5] 王秋韵，李恒.媒体微博编辑技巧和运营策略：以新华视点微博为例[J].新闻与写作，2020(1)：107-110.

第6章 微信营销

微信是腾讯公司于2011年1月推出的一款即时通信软件,通过网络进行便捷的语音、文字、图片、视频通信,支持多人群聊和信息分享。上线十余年至今,微信从聊天工具发展为社交平台,再成为互联网枢纽,凭借多样化的功能打造出包括摇一摇、扫一扫、微信支付、搜一搜、小程序、朋友圈等十余项功能的"微信生态"。学者吴中堂在2015年就表示:"微信已经形成了一个新型的庞大的社会网络,缔造了社交、媒体、商业办公、支付等健全的生态圈,吸引了越来越多的研究者关注。"[1]学者孙宇辉等也表明:"微信生态的商业闭环也在不断发展完善,微信个人号、微信公众号、微信小程序、企业微信、视频号等对每个人的工作生活都产生了越来越大的影响。"[2]

随着"两微一端"(微博、微信、客户端)融合传播的概念逐渐深入人心,微信作为目前广泛应用的新媒介形态之一,以微信平台为基础的"微信营销"成为当下社会网络不可忽视的主流营销方式。

6.1 微信营销概述

1. 微信营销的概念

微信营销,即以微信庞大的用户群体为目标受众,以朋友圈、公众号、社群等微信推送功能为渠道,宣传与推广产品的品牌价值,促进客户购买的过程。

2. 微信营销的特点

(1) 点对点传播。在微信中,信息的传播者和接收者互为好友,或为一方对另一方订阅、关注的关系。因此,无论是个人所发的信息还是各类订阅号、公众号群发的信息,都能够直接被推送至用户的手机终端上,即以点对点的方式进行。

微信基于传播学意义上的点对点传播,不仅在营销过程中可以避免信息遗漏,实现极高的信息到达率,还能够将信息更精准地发送至目标用户的手机终端,向目标用户群体推送产品或服务信息,使微信有别于其他营销平台,实现更精准、更具个性化的营销。

(2) 即时性。微信作为一款通信软件,其信息传递与营销具有明显的即时性。其中,微信的即时性营销又可分为亲近式传播模式与爆发式传播模式[3]。

首先,微信营销是基于强人际社交关系网络上的营销,用户与其他用户建立关系前是经过确认及同意的，形成了社交网络上"朋友"的概念关系，因此，目标消费者与商家间的关系更为亲近，有助于双方更便捷地互动并促使消费者自愿传播相关营销信息。

其次，微信营销建立在强人际传播的基础上，可以实现营销信息的扩散式传播。用户自行接受并传播营销信息，信息在短时间内通过微信内的人际传播不断裂变，从"一对多"转变到"多对多"的传播状态，从而达到爆发式的信息传播效果。

在市场竞争激烈演化的今天，时效性在营销体系中的位置变得不可或缺，在消费者最接近消费的时间、地点来进行近距离的信息传播已经成为显著的趋势。而微信的即时性营销特征，既可以通过更亲近的关系降低营销成本，强化营销效果，又借助即时的人际传播不断扩张，大大提高了营销速度和效率。

(3) 富媒体性。作为一种新型的社交工具，微信实现了文字、图片、声音、图像、链接等多种传播符号和手段的有机结合，并且可利用二维码、公众号、小程序等多种方式展开营销，是对富媒体消息的落地应用。

微信的富媒体化丰富了微信营销的信息形式与内容，在营销时可根据营销目的灵活地选择或整合最有效、最合适的方式，定向推送给目标用户，提高微信营销的成功率，并且多元化的微信营销使信息接收者可以获得更加丰富的传播体验以及全息化的营销感受[4]。

6.2 个人号和企业微信营销

6.2.1 个人号营销

微信个人号是由个人申请开通的微信账号，主要用于与微信好友实现个体与个体间的交流、联系以及朋友圈的分享、互动。个人申请获得微信账号后，便可以通过微信展开联络、社交、娱乐、获取服务等行为。

个人号营销即利用个人的微信账号进行营销活动，完成营销的目的。该方式下的营销具有独特的营销价值。第一，通过个人账号向目标用户发送信息，信息直接到达目标用户的微信消息内，节省了营销成本，保证了信息的有效到达率与接收率。第二，微信是强关系主导的关系空间，这种强关系主导的关系空间成为微信用户赖以交流和分享的基础[5]。通过个人账号点对点的沟通，便于双方实现信息的双向互动反馈，并通过互动将普通的关系发展成强关系，促进营销内容在强关系下的交流、分享，从而产生更大的价值。第三，运用个人号展开个体与个体间的交流，有利于完善对用户的了解，及时调整营销策略，开展更具个性化、精准的营销。

因此，把目标用户汇聚到自己的个人微信里成为商家的必用营销手段，运用个人号成为一种重要营销手段。基于微信个人号的营销可分为账号搭建、内容运营、寻找目标用户、精准营销4个部分。

1. 账号搭建

微信个人号运营的第一步是打造一个可以高质量运营的账号。商家和品牌方的运营人员在搭建好个人微信号后，需要完善账号的昵称、签名、头像和主页背景墙，明确账号的定位，匹配品牌调性，有购物向导型账号、专家型账号、私人顾问型账号等多种账号定位[6]，以便针对用户的不同需求展开精准的营销与提供精确的服务。

除了昵称、签名、头像和主页背景墙向目标用户公开，个人账号朋友圈也是供其浏览的内容。因此，为使能在最初添加好友时便获得对方的信任与好感，朋友圈内容的管理极为重要。

2. 寻找目标用户

利用个人号进行营销，就需要在添加大量好友时找到真正的目标用户，为后续的用户拉新和用户转化打好基础。扩充个人号的好友，寻找用户，可以通过微信内部及外部两种渠道来引流。

微信内部引流最直接的方式就是通过微信群找到目标用户，直接添加，这是一种快速、便捷的引流手段。在微信搜索框输入与目标用户有关的关键词，可以搜索到众多相关的微信群二维码，较为精准地找到一定数量的目标用户群体。或根据目标用户的特性，去寻找他们可能关注的公众号，从公众号内的群入口找到目标用户的所在群。除此之外，还可将个人账号的二维码附在广告、推广文章内，供需要的用户主动添加咨询。

微信外部引流的常见方式为运用其他软件拉新及线下添加用户。如运用豆瓣、知乎等平台，通过关键词同样可以搜索到大量的群，快速地进入精准用户群体。在线下时，部分商家会将账号二维码张贴出来，并给予主动添加商家微信的用户一定的奖励，鼓励用户主动添加其为好友，从而吸引、获得更多新用户。或是在客户进行购买行为后，服务人员会主动添加其为好友，通过O2O的模式，以线上营销带动线下营销。当传播者掌握了用户资料并进行大数据分析后，按用户的行为习惯将自己的营销信息再次传递给受众，从而能实现一对一的精准传播。同时，通过线上传播活动意向吸引受众参与，并通过交互性方式根据受众的反馈组织线下活动。这种模式有利于传播者降低传播成本、提高营销效率，增强用户黏性[7]。因此，在线下与用户成为好友便于后续在线上向其提供售后服务，以及把线下商店的消息、活动推送给用户，促进线下复购和实现留存。

3. 内容运营

好的内容对个人号的用户拉新与留存起着至关重要的作用。在通过不同渠道发布内容时，不仅要保持一定的推送频率以维持较高的曝光度，而且不能过于频繁。同时，发布的内容要以高质量为追求，以保证用户点击率、有效投放率。因此，在用户调研、跟踪竞品和行业热点分析的过程中，以向用户提供有价值、符合用户需求的内容是内容运营需要注重的工作。

而个人号营销在向用户传递内容时，主要通过私聊沟通、群聊沟通、朋友圈分享三种不同的方式。在私聊沟通时，要根据用户的需求定制个性化方案，内容更加精准，有利于维护和强化客群关系，促进用户留存、复购，但触达成本较高。群聊沟通则是运营人员将新老用户拉入群聊，并在其中充当管理者转发优质内容，定期发布活动，不断引导群成员参与，并推动用户间的以老带新。但由于个人的微信群聊常常数量较多，过多信息会对用户造成困扰，部分用户看不到每条信息或选择免打扰模式。故品牌在运营时，应提高推送内容的精确度，注意频次，通过内容提高群聊的活跃度。朋友圈则是以维系品牌形象为中心的生态圈，也是抢占用户碎片化时间的主阵地。运营人员可在朋友圈发布内容资讯，更新营销信息，通过不断分享来打造品牌形象。朋友圈发布的内容应当注重凸显品牌的风格与特色。并且，朋友圈是好友间的分享平台，生活场景的分享中夹杂着对于产品与品牌的推广更易使用户接受。

4. 精准营销

微信个人号的特性使精准营销成为可能，有助于促进用户的留存与转化。首先，个人号的积极双向互动可以提升用户对品牌的信任度、亲密度，维系了与用户间的良好关系，保持用户黏性。其次，通过点对点的细致交流，在增进对用户更精确的了解后，可将其细分为多个层次，为用户提供个性化的服务及营销方案。

通过以上四个部分，微信个人号可以完成对用户的建立、引导、增长、留存、转化的营销流程。

6.2.2 企业微信营销

企业微信是腾讯微信团队为企业打造的企业通信与办公工具。企业微信具备与微信一致的沟通体验，全方位连接微信，助力企业实现高效沟通与管理。企业微信为零售、教育、政务、制造、餐饮、金融等行业提供了专属行业方案，帮助各行各业更好地服务微信上的用户。

企业微信的设立有助于企业开展私域流量运营，打造专属于自己的私域流量池，将微信用户转化为私域流量，并通过长期可信赖的私域流量运营，带给用户贴心的服务，用高质量的产品与服务留住客户，让微信用户助力企业发展。

1. 企业微信营销的优势

(1) 企业与职员的身份认证服务。企业微信对注册的企业与其员工提供认证服务，经过认证的企业微信账号在添加好友时会显示其企业名称，给客户呈现专业化的管理风格，同时让员工可以凭借企业认证收获品牌背书，获得客户的信赖。

(2) 客户资源的继承。在企业微信中，员工的企业微信号所添加的客户好友属于企业，企业管理员利用企业微信可以将这些客户资源集中保存，即使该员工离职，也可以由其他员工添加客户微信进行工作的无缝对接。因此，使用企业微信可以最大程度上降低人员流动给客户资源带来的不确定性风险，帮助企业延长客户生命周期。

(3) 多样的拓展功能。企业微信可以通过多样的营销模式进行裂变活动。用户可以通过转发专属海报，邀请好友进入群聊或添加好友获得一定的奖励。企业微信通过固定不变的群聊二维码(微信群聊二维码有效期仅7天，需要定期更新)与朋友圈分享行为，实现账号与内容的裂变式传播，带来粉丝与流量。

(4) 精细化运营。如今，微信对个人账号添加好友的行为管理越来越严格，利用个人微信大量添加好友可能会导致封号等后果。而企业微信不会有这项限制，企业微信不仅可以无上限添加客户好友，还可以对好友进行批量化管理，如批量添加、批量发送消息等。

企业微信的自动回复功能可能让平台自带的机器人小助理根据客户消息的关键词进行消息的自动回复，降低人工运营成本。

2. 企业微信的社群营销

在"互联网+"的发展战略下，企业或个人尝试以自己为中心建立社群，并且基于社群平台建立起用户与企业、个人间更加紧密的联系。在个人微信号打造自己的营销矩阵的成本越来越高的当下，企业微信可以很好地解决这类问题，可以更加稳定、高效地进行私域流量运营，不必担心封号等问题。

以瑞幸为例，瑞幸现拥有180万私域用户，每天贡献直接单量3.5万多杯，通过企业微信创建的群聊实现群内信息提醒促单10万多杯；目前，瑞幸的私域订单贡献已成第三大渠道，并已经超越了第三方外送平台[8]。由此可见，企业微信在进行社群私域流量的运营方面展现出得天独厚的优势。

综上，企业微信可以较好地解决微信用户难以区分工作与生活的窘境，通过企业微信，用户可以更好地区分工作与生活，提升工作效率，企业也可以完善组织管理能力，目前有越来越多的品牌通过企业微信的私域流量池实现了沉淀粉丝的效果。

6.3 朋友圈和公众号营销

6.3.1 朋友圈营销

朋友圈是基于社会网络的虚拟社区[9]。用户在使用朋友圈时，可以以文字、图片、视频等形式自主发布动态，也可以以链接的形式转发他人的内容，即在该空间内与网络上的其他用户实现信息的传播和共享，进行交流与互动。

由于朋友圈信息在好友之间流通，较为私密，属于私密社交的范畴。因此，朋友圈营销中的目标受众多为朋友圈里的好友，营销主体和受众是对等关系，营销的精准性高、针对性强、互动快、信息接收率和转化率高。并且，运用互联网技术，朋友圈还拥有着线下社区无法比拟的优势。它不仅能使人们维持原有关系，还能使人们扩展关系网络，从而使人们拥有了更广泛的信息来源、支持资源。

目前，常见的朋友圈营销主要有用户动态与朋友圈广告两种形式。

1. 用户动态

用户动态即用户在朋友圈自主发布的或转发的相关内容。前者通过个人微信号或企业微信号主动发布营销信息，使营销信息到达用户朋友圈，并且有文案、图文、视频、公众号文章分享等多种内容形式。其中，发布内容的主体有品牌方的运营人员，也有普通用户。运营人员在朋友圈内按一定频率发布营销动态，保持品牌在用户日常生活中的曝光度，并且在朋友圈内与用户进行互动，以好友的身份拉近与用户的距离，减轻用户对营销的敏感。普通用户也会基于对品牌、产品的喜爱或因特定活动进行分享和转发。普通用户主动参与到营销环节中，其他用户又会基于对熟人的信任而更易注意、相信该类信息，极大地助力了品牌营销。

转发的内容则以公众号文章、链接为主，涉及品牌形象宣传、产品宣传、活动营销等多种内容。此类朋友圈营销主要依靠优质内容吸引、打动用户，或以优惠活动激励用户主动转发至朋友圈，引发更大规模的用户间分享，以层层转发实现营销范围的扩大，提升营销效率。

2. 朋友圈广告

微信朋友圈广告是由品牌方发布的一条类似于好友分享的朋友圈动态，以信息流方式呈现，可以设置指定的地点、人群、性别、年龄、兴趣爱好等，精准投放，吸引用户点击。

在内容形式上，朋友圈广告主要有图文广告与视频广告两种。图文广告由图片及文本组成，文本内容主要是一则朋友圈广告中的文字，是品牌与用户进行沟通的重要元素，品牌通过文本内容向用户传播关于产品的质量、价格、促销、场景等多方面的信息，从而实现品牌信息传达、形象塑造、即时销售等目标[10]。视频广告则主要由文本及动态视频组成，通过视频进行广告创意的传达。在图片或视频下方，品牌还能够附上文字链接，令有兴趣的用户点击跳转到更详情的页面，增进对品牌的进一步了解。因此，采取朋友圈广告的方式进行营销时，需要注重文案的构思及图片的选择，进而吸引用户眼球，建立对品牌的良好印象。

除此之外，朋友圈广告的营销方式还引入了社交元素。品牌发布的广告呈现形式类似于好友发布的动态，品牌被伪装成为用户的微信好友，变成与用户一样的微信使用者，用户可直接在其"动态"下发表评论、想法，即可以在朋友圈里展开一种社交互动。消费者对于品牌的看法和态度通过"点赞"和"评论"得到直接体现，将品牌关系具象化[11]。用户可看到好友对广告的点赞及评论，利用朋友圈的熟人关系更加吸引用户关注广告，促进用户与好友就广告展开积极互动或二次转发。

总体而言，朋友圈营销利用了微信朋友圈内的熟人关系，一是依靠熟人信任度提升营销的效果；二是依靠熟人间的人际传播，通过层层转发，实现营销范围的极大化。从营销学角度出发，只有当买卖双方相互了解且买方信任卖方时，营销才有效力，交易才有达成的可能性，这也就使得买卖双方具有了自我认知和相互认知的需求。品牌方通过优质的内容营销及朋友圈互动加强与用户的亲密度，获得用户信任，进而使朋友圈内容更易被接受；或是以一定活动、奖励促使用户间形成自发的相互传播，并基于用户间的熟人关系，用户更易对好友转发的营销内容产生信任与好感，主动参与营销各个环节，逐步实现更多用户的转化。但是，由于朋友圈集合了用户个人的所有社会关系，其构成相对复杂，在朋友圈进行整体投放，营销精准度有所欠缺，需要实行标签管理。对用户而言，在转发不同类型信息时，有时不想让信息被全部好友看见，便要考虑标签管理，但增加了一道流程，会降低用户转发意愿。因此，在实现精准、个性化营销方面还需与微信其他功能进行合力。

6.3.2 公众号营销

1. 公众号的分类

微信公众号是微信平台于2012年8月上线的一大板块，按运营类型可分为订阅号和服务号两类；按运营主体则可以分成政务类、媒体类、企业类和个人类。

1) 按运营类型分

(1) 订阅号，主要用于信息发布和传播，其主要功能包括文章推送、消息管理、用户管理、素材管理等。订阅号运营者可以通过后台编辑器发布图文消息、语音、视频等多种形式的文章,并且可以对不同类型的消息进行分类管理和自定义标签。此外,订阅号还支持自定义菜单和高级接口开发,能够满足运营者的多种需求。

(2) 服务号,可为企业提供更强大的业务服务与用户管理能力,帮助企业快速实现全新的公众号服务平台。服务号更注重交互和服务功能,其主要功能包括自定义菜单、消息管理、模板消息、客服功能等。服务号可以设置自定义菜单,包括一级菜单和二级菜单,通过菜单可以设置跳转到不同的页面或链接。服务号还可以通过模板消息功能向用户发送预设的消息,例如客服回复、活动通知等。此外,服务号还支持客服功能,可以通过客服功能与用户进行实时对话,提供更加便捷的服务。

2) 按运营主体分

(1) 政务类公众号。政务公众号的运营单位主要为政府机构,开通的主要目的是政务公开和服务便民、与民沟通。如苏州发布、上海发布等公众号。

(2) 媒体类公众号。媒体公众号一般由报社、媒体网站等建立,目的是将国内外的最新消息等内容推送给订阅者,如新华网、人民日报等公众号。

(3) 企业类、个人类公众号通常由个人或团体负责运营,主要通过微信公众号向订阅者推送原创内容吸引粉丝,或是为用户提供服务、推荐产品,如三联中读、白桃星座等公众号。

2. 公众号营销模式

在O2O模式下,微信公众号在成为个人传达意见、内容创作平台的同时,又作为企业与消费者之间的互动平台,成为企业进行互联网运营的新通路,在一定程度上影响着企业的知名度、企业的品牌建设、用户黏性等要素[12]。公众号营销的模式主要可以从内容推广与用户互动两方面进行探讨。

(1) 公众号内容推广。公众号推送已经成为许多机构、企业以及自媒体用户进行品牌宣传、产品推广以及软广种草的内容矩阵中心。对于自媒体用户而言,可以在推送中加入产品或服务的推荐广告,通过有创意、符合个人账号调性的图文内容实现对读者的种草;对于企业而言,可以通过原创推文对品牌、产品进行图文推广,利用微信朋友圈的分享功能获得更多的流量与关注。

为了让公众号的推文得到更多用户好友的关注,许多种草类、宣传类的推送都会设置"转发至朋友圈并集赞""推送底部评论区评论并集赞"等活动,并给予完成任务的用户以一定的奖励,以此带动粉丝号召更多的微信好友关注该推送,实现私域流量的扩张。

(2) 公众号用户互动。2018年末,微信新增"看一看"功能,同时在公众号右下角,将原先的点赞按钮更改成"好看"按钮,当用户对某篇推送点击了"好看",用户的相关好友便可以在"看一看"板块看到该内容；随后，在2019年4月后，微信又进行了改版，将"好看"改成了"在看"；而后在2020年6月，微信在推送底部增加了"分享"功能，并重新设置了"点赞"功能[13]。

微信对公众号的推送消息设置了丰富且情感取向各有差异的互动按钮，可以窥见其希望用户与公众号之间更多的互动行为，同时通过各种形式的参与，提高推送文章的分享率与打开率，为微信公众号引流。

除了以上功能，微信公众号还有"赞赏"按钮，运营者经过相关流程的申请，在推送文章的结束处便会出现一个"喜欢作者"的按钮，用户可以自行对作者进行赞赏。"赞赏"也被称为"物质性点赞"，是用户自愿为公众号内容付费的互动行为，是衡量粉丝对内容的认可度的重要手段[14]，有利于为内容生产者创作更加优质的原创内容提供动力，是付费阅读的体现，同时在这种带有经济往来的互动模式下，粉丝对公众号的黏性也会有所加强。

文章推送的阅读量、点赞数、在看数，都会作为一个公众号是否受欢迎的评判标准。这些数据也将作为参考成为广告方投放广告的依据，更高数量的阅读与更多的点赞数一定程度上反映出内容创作者的大众认可度，对广告主的背书以及广告投放的报价都有相关意义。

6.4 视频号和小程序营销

6.4.1 视频号营销

1. 微信视频号的发展现状

微信视频号于2020年1月推出内测版，依托微信强大的用户基础，发展迅猛，成为短视频平台的主力，为以抖音、快手为首的短视频赛道提供了新的发展可能性；依托于微信打造的生态闭环，视频号与公众号、小程序、微信支付等功能共同构成了微信的功能触点，为用户提供使用便利的同时，增加了各个触点的流量与活跃度[15]。

微信视频号是一个内嵌于微信中的内容记录与创作平台，它的出现填补了微信视频内容表达的空白，同时也迎合了当下视频化、便捷化内容表达的趋势。

视频号的认证类型分为企业/机构认证与个人认证两种方式，个人认证又细分为兴趣认证和职业认证，鼓励更多优质垂类内容的个人创作者入局。

微信视频号的内容有两种主要形态：视频与直播。视频为各大账号在不同的垂直领域自主进行的内容创作；直播则包含了带货、品宣、政务等多元化形态，其中又以泛知识类直播与电商带货直播为主要的平台扶持对象[16]。

据视灯指数统计，2021年500强账号累计入榜2794个，年内更替率超过90%，正在有越来越多的原创作者涌入视频号，依靠优质内容成长为头部玩家；同时，企业和机构认证账号的占比也在逐渐上升，不少官方媒体纷纷选择入驻视频号，新闻政务类视频号的比重扩大，成为用户获取新闻与信息的一大途径。许多企业通过视频号进行品牌活动、新品发布会的同步直播，视频号成为线上活动的重要平台。在内容创作方面，微信视频号的视频分类丰富，生活、影视娱乐、教育类视频号体量较高，契合视频号"人人都是创作者"的产品定位，在泛知识领域(健康、文化、教育等)涌现出不少优质的原创内容创作者。

2. 微信视频号的特点

(1) 以强社交关系为基础。抖音、快手等短视频平台基于大数据，向用户推荐可能感兴趣的视频，而微信视频号的分享逻辑则和它们不同。

(2) 微信视频号嵌入在微信App中，用户仅通过微信便可以实现对视频号所有功能的使用，不需要另外下载一个App。因此，微信视频号的打开与使用是非常方便的，它可以从朋友圈广告、视频号、直播、看一看等多个微信功能区进入，利用微信庞大的生态系统对视频号直播进行多触点、全矩阵的营销，吸引更多用户进入直播页面进行观看。

(3) 微信视频号不仅是主流媒体信息传播的新平台，也更能带给用户优良的观看体验。例如，2021年9月25日，超6000万人在400余家媒体的视频号直播间共同关注孟晚舟回国事件；2022年除夕，超1.2亿人通过微信视频号观看竖屏版春晚；2022年2月11日，《新闻联播》入驻微信视频号开通直播，成为《新闻联播》全新的同步收看渠道。微信视频号凭借其便捷的进入方式，成为主流媒体进行信息传播的新平台，满足了更多用户快速获取信息的需求，同时将《新闻联播》、春晚等横屏节目进行竖屏化改进，呈现在用户的手机上，也能为用户提供更加优质、沉浸式的观看体验。

6.4.2 小程序营销

微信在2017年推出了小程序，它是一种以提供丰富的服务能力、释放累积粉丝消费潜力为功能性目标，以实现移动互联网时代的服务需求对接和内容迭代的新型样式的信息承载体和数字化展示平台。作为一款新型应用媒介，小程序具有不同于App的特点与优势。第一，比起传统的App，小程序更倾向于一种轻量级的App，对于开发者来说，开发与维护的成本较低。并且，从需求分类的角度看，具有规模化效应的共性需求仅占人们需求种类的少部分，而大部分需求则是个性化、情景化、低使用频度的"小需求",这种"小需求"正是构造人们个性化生活千姿百态的源泉之所在。小程序轻量的特性有利于基于用户多样的需求进行多元的开发。

第二,对于用户来说,小程序更加方便快捷,可以即用即走。在某些特定、低频的场景下,用户无须下载便可以获取服务,也不会占用手机内存与页面空间,提高了用户获取服务的效率。

第三,微信小程序具有多入口的特点。用户可以经由二维码、公众号、发现栏、微信顶部搜索框、上拉聊天页面等多种方式进入小程序,其在微信内的曝光度高,有利于借助微信自身的庞大用户群实现小程序的用户增长。

小程序独特的优势使其具有极高的市场价值,越来越多的商家、品牌都开发了自己的小程序,并运用小程序开展营销,通过微信搜索、好友分享、线下二维码、品牌公众号等方法为自己的小程序引流。在小程序内部,品牌基于自身特性与具体的用户使用场景,打造符合用户需求的功能与服务,为用户提供丰富、便捷的体验,令用户在特定场景下能联想起品牌小程序,还不定时在其中推出各类活动,提升用户对品牌的好感度,实现品牌用户的留存。另外,依附于微信平台,小程序营销还与朋友圈、公众号、微信社群等结合,以多触点的模式,既有优质内容又辅以工具型应用,形成从宣传到消费的完整链路,促进品牌达到私域流量的精细运营。

综上所述,微信营销建立在微信强大的用户基础之上,并且在不断地发展与更新中延伸出越来越多样化的功能,打造了属于微信的生态闭环。通过微信用户间的强社交关系链与私域流量池,朋友圈、企业微信、公众号、视频号、小程序等作为原子化组件中不同形态的信息化载体,它们在微信生态的各个节点触达,集社交、分享、内容种草、带货直播等多种功能于一身,在直播、短视频、图文等赛道谋得一席之地。

未来,基于5G、元宇宙、VR等概念的广泛提及与投入应用,微信的营销模式又将做出怎样形式的创新,依旧值得我们期待。

参考文献

[1] 吴中堂,刘建徽,唐振华. 微信公众号信息传播的影响因素研究[J]. 情报杂志,2015,34(04):122-126.

[2] 孙宇辉,王延弟,闫翔. 基于企业微信的出版社"私域之路"探析[J]. 出版广角,2021(15):18-21.

[3] 张艳. 传播学视角下即时性营销模式与战略实现:以微信营销为例[J]. 中国出版,2013(16):18-20.

[4] 王娟. 基于传播学视阈下的微信营销模式构建[J]. 中国传媒大学学报,2014,

36(9)：149-151.

[5] 张学标，欧健. 从关系空间构建解读微信的人际传播[J]. 新闻与写作，2014(8)：35-37.

[6] 杜锦铭. 基于微信生态的私域流量研究[J]. 遵义师范学院学报，2021，23(2)：104-108.

[7] 魏颖. O2O模式下的公益文明微传播——以"海淀家庭文明微行动"为例[J]. 新闻与写作，2016(4)：101-103.

[8] 腾讯网. 私域案例|180万私域用户，每日促单10w＋杯，瑞幸咖啡私域全拆解[EB/OL](2022-04-04)[2022-10-19]. https://new.qq.com/rain/a/20220404A051F300.

[9] 聂磊，傅翠晓，程丹. 微信朋友圈：社会网络视角下的虚拟社区[J]. 新闻记者，2013(05)：71-75.

[10] 徐智，杨莉明. 微信朋友圈信息流广告用户参与效果研究[J]. 国际新闻界，2016，38(5)：119-139.

[11] 汤天甜，刘聪，陈卓. 人际传播 部落归属 消费想象——再部落化媒介生态下微信营销传播[J]. 新闻研究导刊，2016，7(6)：8-10+14.

[12] 刘宏，黄睿. 可供性背景下社交阅读的突破与探索——以微信订阅号"在看"为例[J]. 出版发行研究，2021(7)：44-50.

[13] 刘利樱. 粉丝经济新玩法——微信公众号"赞赏制"一窥[J]. 青年记者，2016(32)：77-78.

[14] 欧梨成，张帆，陈培颖. 传播学视域下科技期刊短视频平台运营策略探析——以抖音、哔哩哔哩和微信视频号为例[J]. 中国科技期刊研究，2022，33(1)：58-66.

[15] 唐绪军，黄楚新，王丹. 媒体深度融合：中国新媒体发展的新格局——2020—2021年中国新媒体发展现状及展望[J]. 新闻与写作，2021(7)：97-102.

[16] 余安迪，曹轲. 主流媒体入驻视频号直播的探索与启示[J]. 青年记者，2022(5)：71-72.

第3部分

新媒体营销的创新模式

短视频营销

社群营销

直播营销

新4C营销

第 7 章　短视频营销

"短视频是一种视频长度以秒计数，主要依托于移动智能终端实现快速拍摄与美化编辑，可在社交媒体平台上实时分享和无缝对接的一种新型视频形式。"[1]在如今信息量持续爆炸的新时代中，依托于网络信息技术的各类应用脱颖而出，短视频新媒体的一系列特点在其中起到极大的作用。

7.1　短视频的特点

1. 参与门槛低，生产成本低

专业化的视频拍摄与制作一般需要参与者具有较强的专业素质与设备基础，而随着各大短视频平台拍摄、剪辑以及发布技术的逐渐简化，"一键剪辑"与"一键出片"成为了现实，即使是毫无专业基础的普通大众，也可以很轻易地参与到短视频的制作中，这就造成了短视频极低的参与门槛和生产成本。

2. 时间较短，内容碎片化

现代大部分受众接收信息的时间很难呈现比较完整的时间段，忙碌的生活节奏使大多数人的空闲时间较为琐碎，受众很难在这样极短的时间中接收长且复杂的信息，而长度在几秒钟到几分钟不等的短视频应运而生。短视频新媒体通过向受众投递时长较短、表现内容便于理解的短视频来达到传播目的，视频内容碎片化且可拼接，保证受众能以最低的时间成本和精力接收到视频信息。

3. 具有即时性，紧跟热点

当代社交网络的受众关注呈现断峰式下降或爬升，网络热点的出现周期越发短暂，短视频的低制作成本使一个热点内容的出现常伴随着大规模的模仿。娱乐圈、轻松搞笑、罕见猎奇等视频更容易获得受众注意力，尤其在当前流行的"饭圈文化"形成的"粉丝经济"下，相关热点内容的关注度常常能攀升到极高的程度。而短视频新媒体为博得更多流量与关注，多追逐当前热点内容即时发布或直接致力于制造热点事件，贴合注意力时代的受众关注特点，常常能聚集极多的流量。

4. 增强社会属性，贴合大众口味

当前市场上主流的短视频平台都具有非常明显的社会化特点，无论是抖音、快手等

独立平台，还是微信视频号等小程序，其好友圈、分享功能都被精心设计，确保用户能够方便地将喜欢的内容分享给认识的人，而制作方也便于借此实现用户数据的裂变增长。

5. 依靠算法机制，营销精度高

随着网络技术走入群众生活的还有算法推荐机制，用户打开终端的每一次浏览都会被大数据记录，并根据用户习惯推送内容。从营销方的角度来说，短视频营销依托算法机制使用数据，结合营销方所选产品特性，精准定位目标受众，不仅可以完成高回报、高命中率的精准营销，也有利于提高用户对短视频平台与营销品牌的黏性。

6. 营销变现灵活，渠道多元化

相较传统营销模式较为单一的变现方式，短视频营销在变现方式上更加灵活多样，如广告植入、直播变现、电商变现、粉丝变现等。多种变现方式在营销过程中交错进行，使短视频营销不仅在方式上多样，在变现周期上也更短暂。营销方可根据不同的商品特点灵活选择变现方式，如增加高价商品的可互动性，提高高需求商品的广告曝光量等，有效提高变现率。

7.2 短视频平台

当前我国短视频平台数量众多，如以用户活跃度为标准划分，其中抖音短视频、快手稳居行业第一梯队。除外，常见的还有微视、B站、小红书等。

1. 抖音短视频

抖音于2016年上线并运营，归属于抖音集团旗下，是风靡整个网络世界的原创短视频分享平台，以"记录美好生活"为品牌口号。用户随时随地可以通过手机选择原创歌曲、海量下载原创音频特效视频素材和滤镜，拍摄手机原创的音乐创意短视频，形成专属自己的原创作品，也可以快速找到涵盖生活的实用小妙招、美食菜谱及做菜方法、旅行攻略、科技知识、新闻时事、同城资讯等各种实用内容，是一个面向全年龄段的短视频社区平台。

抖音在国内短视频营销平台中处于绝对头部地位，不仅如此，其推出的海外版TikTok也同样在海外市场中表现优异。中国网络视听节目服务协会在其《2021中国网络视听发展研究报告》中进一步指出："在2020年的上半年，抖音海外版TikTok的全球总的下载量已达到6.26亿次，名列全球总下载排行榜第一，在整个苹果系统内和整个谷歌系统内所产生的总收入大约为4.21亿美元(约合人民币29.7亿元)，位列下载的全球收入排名第三。"[2]同时为应对快手的竞争，发展下层市场，抖音推出抖音火山版，发展独有的"圈子"功能,类化用户。

2. 快手

快手的前身叫"GIF快手",诞生于2011年3月,最初它仅仅作为一款用户用来制作、分享静态GIF格式图片的免费手机视频社区应用。2012年11月,快手成功地转型并升级为一个手机的短视频社区,用于用户记录和分享生产、生活。2013年推出短视频社交平台,2018年开始发展电商业,2019年8月,推出快手极速版。

快手与抖音在当前我国短视频平台中并占头部地位。相对于抖音,快手有两大优势:一是快手的用户定位更偏向下层市场,其使用与分享等设置更为简单易用;二是快手平台拥有较多类型的创意性的营销新方法,对很多中小成长型民营企业提供了很大的帮助,这种模式使中小企业得以在后互联网时代残酷的营销竞争市场中能够迅速成长。

3. 微视

腾讯微视是腾讯集团旗下一个短视频内容创作分享平台与分享社区,用户可以随时随地通过自己创作的短视频来创作分享出自己真实的所见所闻,微视结合了手机微信群和腾讯QQ空间等网络社交平台,用户每天不仅可以通过腾讯微视客户端在线浏览原创短视频,同时还可以分享自己每天的所见所闻。

微视最大的特点便是紧密联系QQ与微信平台,基于这两种用户基数极大的社交平台,腾讯微视可以依靠用户之间的社交行为吸引较多流量。2021年4月,腾讯视频平台正式成立"在线视频BU",由旗下腾讯视频、微视、应用宝等整合运营而组建成,其内容与功能也被并入。

4. B站短视频

作为当前主流的娱乐视频平台,B站借助本身强大的流量与用户基础,迎合当前市场需要,在本有的长视频功能之外开辟了短视频功能,其体系设计与抖音等主流短视频平台类似。B站将短视频以信息流形式汇入正常视频推送中,点击的用户会进入短视频程序中,通过上下滑动切换视频。

当前短视频在B站总体视频产出中占比逐渐增加,B站也围绕短视频功能推出诸多活动。

5. 小红书

小红书社区正式成立于2013年,是一款生活分享及记录的平台。用户群体间可以通过发布手机视频、图文等形式记录个人生活点滴,分享多种娱乐生活方式,并随时可以基于用户自身的兴趣特点而形成互动。

7.3 短视频营销的现状

1. 技术升级促进短视频场景化发展

随着5G技术的高速发展，社交网络联系更紧密，网络速度更快，使"短视频的即时录制和上传"成为可能。移动端的发展使短视频平台的受众规模不断扩大，参与者人数不断增加，用户使用时间不断拉长，短视频流量扩大，助推短视频加速发展。而其他硬件设备和软件技术的升级推动了短视频的体验升级，更多场景化应用出现，虚拟现实技术(AR、VR、MR等)的发展使短视频形式更加多样、立体[3]。

短视频平台在网络议政等领域配合传统媒体可以形成融媒体舆论场，短视频平台的舆情功能获得发展，未来也将形成短视频舆论的趋势。

2. 头部效应明显

短视频头部平台、头部生产者、头部IP及内容产生的头部效应明显，随着高质量创作者的出现和内容创新力量的广泛应用，大大提高了视频行业的整体内容水平。

头部平台、创作者和MCN的号召力明显强化，中小平台发展压力会越来越大，监管部门的新规出台也使中小平台生存更加艰难。大型平台拥有相对丰富的应对经验和管理资源，以及更强的抗风险能力，可以快速完成平台整治，平时也可以执行严格的审入制度，最大可能挽救整治带来的损失；而中小型平台缺乏这种危机应对能力，容易大伤元气，失去大量用户群。

3. 短视频市场垂直细分，内容呈现多元化和专业化

短视频平台的大数据算法多以标签形式为主，以保证获取最大的用户转化，未来短视频仍将坚持标签形式，用垂直细分的标签吸引受众[4]。垂直细分化不仅更容易形成自己的特色，还能增强用户的黏性。

短视频市场的下沉和扩大使短视频平台拥有巨大的受众基础，吸引众多企业进驻，也吸引官方传媒进驻，使短视频新媒体内容更加丰富多元。

相关部门对于成型的短视频平台监管愈发完善，短视频制作从视频创意、前期策划，到剪辑、配乐，再到背后的营销团队，更加规范，向专业化发展。

4. 商业模式多元化

短视频平台流量巨大，流量的变现方式多样，短视频的商业潜力是毋庸置疑的。无论是广告植入还是电子商务，短视频都有着优良的先天优势，短视频商业模式朝着多元化发展。广告、直播、教育、医疗、金融等行业与短视频深度融合，"互联网+"新型业态不断出现。

在移动通道中，IP 开发(最初称为版权，可以理解为资源)是短视频营销中一条非常有效的路线。一旦 IP 被创建，如果它与电子商务有关，无论是衍生产品的开发还是 IP 视频产品的生产，它都具有巨大的潜力。同时，它也可以为粉丝的囤积做准备[5]。

7.4 短视频营销的受众

7.4.1 从使用动机来看

1. 生活式用户

此类用户希望通过观看短视频学习一些生活技能，如美容技巧、美食制作等，这些生活小知识可以帮助用户完成自我提升。

2. 社交式用户

这类用户希望通过观看短视频获得社会认可，实现自我宣传。为了应对这种心理需求，他们有意识地通过短视频展示自己美好和个性的一面，从而给受众留下良好和独特的印象，并期待被喜欢和分享。

3. 观察式用户

这类用户通过短视频观察世界，努力追求不同的生活方式，找到平行世界的自我，通过了解其他更有趣的生活来满足个人需求。

7.4.2 从内容生产者来看

短视频的生产者同时也是使用者，他们往往爱好这个领域，具有一定的专业能力，愿意付出更多精力和时间。

1. 专业从业者

专业从业者具有专属服务能力，如设计师、摄影师、化妆师等，他们可以借助短视频来展现专业能力，以此获得更多的客户资源，完成项目转化。

2. 教育从业者

如今，用户的版权意识不断增强，知识成本的提高使得用户对知识内容的获取不再轻而易举，但短视频内容的传播让用户对知识多样化的需求得到了满足。短视频将教学内容进行更大的曝光，可以吸引学生用户，招募到更多的学员，视频内容还能够获得收益。

3. 产品供应商

短视频的流量可以带来更多的销售渠道，将商品直接卖给更多需要的客户。线下实体店主也可以通过短视频带来更多的客源，将客户直接引流至线下门店，从而提高营业额。

4. 短视频爱好者

短视频爱好者对短视频非常感兴趣，愿意分享自己的生活和兴趣爱好，并且能长期坚持更新。他们喜欢拍各种花样的视频，在视频里展现创新和新鲜元素，让人们感到治愈和快乐。

7.5 短视频营销的策略

1. 热点营销，吸引用户注意

短视频是在快节奏的生活中应运而生的产物，用户在碎片化的时间观看，因此首先要在第一秒吸引用户。热点营销正在快速蔓延，具有很强的爆发性。短视频通过热点事件为受众的沟通搭建平台，构建共同话题，使受众的参与感得到满足，且往往能从不同角度提供对热点事件的看法，挖掘流行事物中的实用价值[6]。如果视频能够巧妙运用热点，将会吸引大量用户的关注，以达到增加粉丝数量的目的。

2. 情感营销，注重情感联结

情感传播是短视频营销的重要维度，契合了用户自我表达的需求。简短的形式放大了情感浓度，无论是快乐还是悲伤，情绪化的表达反而能够引发共鸣，使用户反复观看，通过生活化的原生内容，引导受众自发参与、自发分享，从而扩大营销影响。情感营销将账号包装得有温度，以小见大，以最平凡的平常事物唤起用户内心深处的情感反应。且情感话题的开放性大，可讨论的范围广，只要符合价值观，基本不容易引发争议。

3. 精准营销，垂直专业内容

在短视频时代，内容的制作成本很低，网络信息产业蓬勃发展，短视频发展迅猛，这也导致了受众的注意力过于分散。短视频本质上属于内容产业，信息内容不垂直会造成观众的认知模糊，也不能提高视频的专业化与持续性产出。因此短视频应打造垂直化的专业内容，生产具备较高专业性的视频保证平台长久的运营[7]。精准定位也为精准的个性化推荐和培育更多忠实的用户打好了基础。后台的推送制能够自动识别用户的喜好，根据不同年龄层的喜好与需求，源源不断地给用户提供与喜好相关的内容，更能精准地留住用户。

4. 洗脑营销，精简病毒传播

短视频只有十几秒，如果在开头没有引起共鸣，就很有可能被用户略过。洗脑式营销兼具趣味性、娱乐性，给用户带来强烈的真实感和好感。简短凝练是洗脑式营销的重点，除了视频封面要吸引人、贴近主题之外，也需要借助剪辑工具，通过后期的修改来提升作品的精炼程度，裁减不必要的"废料"，留下有内容的洗脑部分[8]。

5. 互动营销，增强用户黏度

随着新媒体技术的不断发展，短视频制作简单、效果酷炫，大大提升了用户的参与度。短视频注重即时体验，不需要输出非常全面的内容，旨在让用户提升体验感并产生成就感。短视频营销要充分利用评论区的功能，打造开放的聊天场所，使用户与视频的互动延伸为用户与用户的互动。

参考文献

[1] 赵昱，王勇泽. 短视频的传播现状分析[J]. 数字传媒研究，2015，32(5)：54-58.

[2] 中国网络视听服务协会，2021 中国网络视听发展研究报告[EB/OL]. http://www.cnsa.cn/attach/0/2112271351275360.pdf.

[3] 毕翔. 后疫情时代短视频营销模式重构与优化策略研究[J]. 价格理论与实践，2021(10)：121-124.

[4] 郭彬彬. 新媒体时代下的短视频营销模式探究：以抖音为例[J]. 传播与版权，2022(02)：58-60.

[5] 胡雨露. 浅析各短视频平台发展现状及发展趋势[J]. 新闻研究导刊，2018，9(16)：162-163.

[6] 林堃. 抖音短视频用户的"使用与满足"研究[J]. 牡丹江大学学报，2020，29(3)：31-33+38.

[7] 刘梦楚. 移动互联时代短视频发展现状及趋势[J]. 西部广播电视，2021，42(14)：26-28.

[8] 刘夏，李晓晔. 抖音短视频的营销推广策略研究[J]. 新闻研究导刊，2018，9(05)：212-213.

第 8 章 社群营销

社群营销是一种网络营销方式，它结合了新闻媒体销售和网络社群推广的优点，重视用户之间的联系。社群营销的目标用户通常是一群具有相同或相似兴趣爱好的人，共同的兴趣爱好牵引着这些用户聚集到一起，从而形成一个网络社群。社群营销依托于互联网平台的各类社区而生存发展，通过参与和发布内容来和用户进行互动，进而影响用户的行为。目前网络社群的营销方式主要是依存活动、沟通等互动形式来实现用户价值，社群营销保持开放自由的态度，用户自由度极高，所以用户不仅乐于接受社群中的营销内容，还可能自发地对营销内容进行传播甚至再加工、再传播，进一步拓展营销范围，加强营销效果。

8.1 社群营销的概述

8.1.1 社群营销的概念

在网络社交时代中，网络社群是人在互联网中最容易接触到的领域，所以社群营销应运而生，社群营销就是在社群里经营销售产品，因此任何品牌、任何产品都可以拥有自己的社群，而社群属于私域流量池，运营者不需要投入过高的成本就能做到反复利用、重复消费[1]。社群营销就是通过营销过程吸引受众的注意力，让更多潜在用户加入社群，最终达到提升营销效果、提高盈利能力的目的。社群的运营可以形成一个完整的成交流程，从初期的接受者开始，通过连续的价值输出，培养消费者信任，从而达成交易，再到后期的消费者自行传播，输出价值给新的消费者，由此形成交易闭环。社群营销依赖于人际关系、交际圈以及六度空间理论，利用社群成员所处的现实和虚拟交际圈以及一切可能的人际关系来扩大营销范围。

8.1.2 社群营销的类别

1. 产品型社群营销

产品型社群营销指的是在社群里对某一垂类产品进行营销。作为时下流行的社群方式之一，产品型社群营销的模式具有较强可操作性。产品型社群营销的主要特点有3个：无中间利润产生，产品商获取全部利润；产品质量和情感营销是决定因素；个体话语权增长，组织结构无限扩张。

2. 兴趣型社群营销

兴趣型社群是因为共同的兴趣爱好而聚集的一类群体组织。这类社群内成员通常会谈论共同的兴趣爱好以及相关知识。在网络环境中，人们极容易因为个人的兴趣爱好而加入兴趣型社群，所以兴趣型社群在网络中十分常见。兴趣型社群大多由爱好者自发建成，一旦建成就十分稳固，且拥有数量巨大的拥护者。在兴趣型社群进行营销的关键是紧扣共同爱好，引发用户共鸣，促进营销转化。

3. 品牌型社群营销

品牌型社群是产品型社群的拓展。品牌型社群的运营依靠用户对该品牌产品的信任，这主要基于产品给用户带来的使用价值和情感价值。当用户对品牌理念和品牌价值产生信任，认可其品牌概念并产生共鸣时，这类用户就会自觉加入品牌社群，与品牌进行积极的互动，促进品牌营销。

4. 知识型社群营销

知识型社群是兴趣型社群的一个分支。知识型社群的成员会在社群中解决他人提出的问题，也会分享自己所掌握的知识。这类社群的活跃度主要依赖于社群成员的相互学习，社群内成员极易从这种交流中获得满足和尊重，但是知识型社群也时常会发生成员之间无法达成共识而产生冲突的情况。知识的传递和创新是维持知识型社群正常运营的关键。

8.1.3 社群营销的特点

1. 多向强效互动

社群营销的交流模式主要是社群用户之间的互动式交流，这种交流具有多向性和强效力。社群中的用户既可以是信息的发布者，也可以是信息的传播者，这种信息的交流与传播实质上为企业和品牌创造了许多的营销机会。社群营销的灵魂所在就是社群成员的互动交流。提升社群营销效果的主要方法就是激发社群成员的交流意愿，成员之间的正向交流越有效，成员之间连接才会越紧密，社群的存在价值才会逐渐提升，社群才有长期兴旺的可能性。

2. 中心弱化

社群营销的结构是一种网状型结构，每一个社群用户都有扩散分支的可能性，每个用户都可以成为信息的传播者，这种网状结构实际上弱化了结构中心，但是这不意味着社群没有结构中心，建立并持续运营社群的人依旧处于社群的中心，只是随着网状结构的分支越来越多，社群成员就会逐渐分散传播信息的话语权。

3. 情感营销

情感营销是社群营销的关键，这是社群营销形成自然携带的一大特性。在实现社群营销的过程中，社群的运营者需要和社区用户建立情感上的连接，使得双方从陌生人关系变成亲密的朋友关系，进而维系这种良好的关系，使得用户不仅为社群营销的产品买单，还自发地为产品做宣传，传播良好的口碑。对于潜在消费者来说，老客户的宣传信息将对用户的购买行为产生直接的、积极的影响。情感营销能够使用户直观地感受到社群传递给用户的情感价值，使得社群成员自觉拉进新鲜的力量，增强营销效果。

4. 自行运转

社群营销的一大特点就是能够自行运转。社群的运营者只需要完成基础的运营操作，社群成员会自主地发布信息、传播信息，推动社群的自行运转。对于社群的建立者来说，创造营销社群的成本极为低廉，只需在初期积累一部分的受众，之后的运营效果完全依赖于社群成员的贡献，建立和维护的成本只体现为运营者的时间和精力投入。

5. 范围较小

与面向全体消费者的营销模式相比，社群营销是针对小范围受众的营销模式，本质是一种范围经济。通过拥有共同兴趣爱好的小众人群的自生长、自生产来维持营销模式的运营，社群的生命力与社群成员的信息价值生产息息相关，社群成员的思想和话语传播是社群发展和营销效果的关键。

6. 碎片化传播

社群的存在是自由且开放的，因此社群本身就具有多样化的生态。社群成员的思想和信息生产同样也具有多样化的特点，社群成员为社群进行价值再加工的过程就会呈现碎片化的结果。社群组织者传递出的价值信息通过社群成员的传播会变得个性化，只要利用好这种碎片化的传播，社群营销的价值传播会极为有效，社群营销的效果也会达到顶峰。

7. 个体功能放大

社群具有高度内聚的特性，规模终究是有限的，社群成员每一次的信息发布都会迅速地被其他成员接收，在这种情况下，社群内个体的功能被放大，每个成员的信息发布、信息加工、信息传播都可能对社群产生变革性的影响。鉴于社群规模的扩张性，社群的运营者要严格把控入群人员的质量，可以建立一定的入群门槛来预防可能发生的不良现象。

8.2 社群营销的方式

马歇尔·麦克卢汉(Marshall McLuhan)曾提出"提升""过时""复活""逆转"四项媒介定律，互联网社群的发展历程同样经历了类似阶段，其演化路径呈现"中心化—去中心化—再中心化"三个阶段，分别对应互联网发展初期、社交媒体时期以及移动互联网时期。互联网发展初期以论坛为代表的虚拟社群尚未完全摆脱传统人际交往社群的松散架构，是互联网社群中心化的阶段，用户与用户、平台与用户、平台与子平台之间的联系较弱；社交媒体时期，互联网社群在社交媒体时期呈现去中心化的特质，用户成为内容生产的根本动力，井喷式增长的浪潮之后，互联网社群逐渐趋于稳态[2]。以微信平台为代表的社交类服务平台逐渐转型为移动端电商平台，为抢占移动支付市场大量资本涌入，各行业都在以新视角重新审视社群形态的演变。未来互联网社群的发展很可能由于资本介入而再次呈现再中心化的逆转。

互联网社群往往是由媒介技术和热点话题共同催生而成的，在互联网技术逐渐成熟的社会结构体系中，社群组建者寻找与当下社会结构关联耦合的实时热点话题事件，聚合起对该话题事件感兴趣的用户群体，从而架构起社群文化边界的雏形。在互联网社群的形成过程中，话题事件的影响力越大、互动性越强，该社群的用户聚合度也就越高；话题事件的持续过程越长、演化过程越曲折，该社群的扩张生存持续性也就相应越强。社群营销的基本方式包括以下几种。

1. 社群分享

分享前，社群管理者应当提前商讨好分享的内容，准备好分享的话题素材，比如我们在分享人文景观旅行线路这一话题时，应当精准定位到某一座城市，将其中的人文景观串联成一条完整的旅游线路，要特别注意该路线的具体可行性，然后广泛收集景点素材，辅之以图片视频，形成一篇丰富完整的推文[3]。分享内容形成后，发放预告，确定好分享时间，注意受众媒体接触时间，选择合适的时间点进行分享内容的发放，通过公众号推出、推文订阅、其他平台联动等多种分享方式，确保更多成员了解分享活动，并参与进来。同时，引导社群成员将内容进行二次分享，转发至朋友圈等，可以设计福利环节，鼓励受众参与并转发，调动成员的积极性。

2. 社群交流

社群管理者可以同参与过和有意向参与的受众单独交流，也可以定期设置一些简单、有热度、与受众相关的话题，活跃社群氛围。

在交流前可以设置预告环节，将活动信息展示给社群成员，如主题、时间等，还可以设置暖场环节，调动成员积极性，营造良好的交流氛围。

3. 社群打卡

(1) 监督规则。社群管理者对打卡情况进行整理统计，定期将结果反馈到社群中。

(2) 激励规则。激励成员坚持打卡，可以给打卡情况优异的成员进行奖励，奖励包括红包、徽章、头衔、优惠等。例如对积极性高的成员寄送实物奖励，这样的"惊喜感"让成员觉得进入社群"有利可图"，具有新奇感和新鲜感。

4. 社群规则

(1) 违规行为。严禁群内吵架，闲聊内容不准有谩骂、羞辱性语言，不准对别人实施人身攻击；严禁性别偏见、民族偏见、宗教偏见、个性凌辱、宣传暴力及色情，也不得发送不合乎社群主题的争议性内容，以及其他无关的广告。

(2) 违规处理。例如，一次违规小窗提醒，给予警告；两次违规群内通报，给予禁言；三次违规说明情况，并踢出。

8.3 社群营销的策略

1. 明确社群定位

社群定位贯穿社群运营全程，是社群运营的主心骨。社群管理者要依据精细化运营逻辑定位用户人群及社群特征。在社群营销过程中，首先要瞄准社群的定位，围绕垂直领域、用户群体、核心服务等进行社群预期设置，从而更好地为后续工作打好基础。

2. 确定用户画像

用户画像实际上是围绕定位所服务的这个目标群体的关键特征的集合，包括社会属性、消费行为、心理特征等，是根据现实反馈不断迭代的一个系统[4]。围绕不同样本用户的服务诉求、个性特征生成标签，更有利于视角转换，聚焦和把握用户的心理动机和态度倾向。

3. 群员架构设置

社群在设立管理员、答疑人员的同时，也可调用其他手段来进行气氛烘托，如培养忠实粉丝给予正向反馈，从而吸引其余用户的追随与关注，并在用户中培养活跃成员成为社群骨干，来生成社群较为完整的运营生态。

4. 话题引导与造势

社群要时常通过用户感兴趣的话题唤醒用户，避免其进入"潜水"或"休眠"状态，并通过管理员的互动邀请、核心成员的参与等进行氛围造势，以此来保持社群用户的黏性与活跃度[5]。同时，也可以邀请成员进行内容的共同生成和话题的讨论，以此换取用户更好的心理体验。

参考文献

[1] 杨雪睿，杨怡情. 叠聚与辐散：数字化浪潮中的社群演变及其影响因素研究[J]. 现代传播(中国传媒大学学报)，2020，42(10)：123-127.

[2] 杨江华，陈玲. 网络社群的形成与发展演化机制研究：基于"帝吧"的发展史考察[J]. 国际新闻界，2019，41(3)：127-150.

[3] 金韶. 移动互联网营销传播的创新特征和发展路径：基于媒介技术理论的视角[J]. 编辑学刊，2017(6)：43-48.

[4] 程明，周亚齐. 社群经济视角下营销传播的变革与创新研究[J]. 编辑之友，2018(12)：20-26.

[5] 肖洋. 自媒体平台社群营销的关系链研究[J]. 编辑之友，2018(12)：27-30.

第 9 章　直播营销

随着互联网的普及和电商平台的涌现，人们更加注重线上购物的便利与舒适，而直播营销的直观便捷很好地迎合了这一需求。直播营销以其现场感、实时性、互动感等优势吸引了许多人，并迅速形成了特有的直播营销模式。本章主要从直播营销的概念、特点、模式、发展趋势、活动策划和效果提升策略等方面对新媒体环境下的直播营销进行研究。

9.1　直播营销概述

1. 直播营销的概念

直播营销是指在现场随着事件的发生、发展进程同时制作和播出节目的营销方式。直播营销的主要目的是实现品牌形象或品牌效益的提升和销售额的增长。

直播营销的核心模式是通过构建直播场景，选择合适的主播，推荐特定的产品，促使客户下单。在这一营销过程中，主播发挥着主动展示、推荐引导的作用；用户通过与主播、其他用户互动了解产品信息，做出购买决策。直播间的氛围效果(如限时抢购、抽奖和优惠)为用户带来了愉悦体验，催化了用户购买行为[1]。

直播营销是非常具有创新性的营销模式，也是充分表现出网络互动视频特点的一种营销模式。某种意义上来说，在目前的语境下，直播营销可以和事件营销画上等号。直播营销可以体现用户群体精准度，可以与用户实现实时互动，深度交流，情感共鸣。

2. 直播营销的特点

在互联网信息爆炸的时代，相较于传统广告，"有意思的内容"更加容易吸引网民的关注。相比图文传播，直播能够更全面、直观、生动地展现产品的全貌和细节；相比视频传播，直播不仅让视频变得更加鲜活，还增加了实时互动性，加之主播的存在，让"有意思的内容"更加"引人入胜"。通过"直播+营销"，企业可以跨越时空限制，链接更多消费者，并通过场景、活动互动、主播人设、口播话术、交互体验等，以富媒体式的视讯画面，呈现一个几乎与线下营销相近的"沉浸式"消费场景，从而展现出强大的转化能力[2]。直播营销的这些特点和优势，让直播营销迅速崛起并不断延伸发展，正在推动整个网络营销体系的变革和重构。

相较于传统的媒体平台(电视、广播)的直播营销模式而言,互联网直播营销有着以下优势。

一是可以与用户实现实时互动。在直播活动中,信息是双向传播的,不仅是用户单向观看视频,而是双向的交流反馈,观看者可以发弹幕,可以直接打赏,甚至可以直接影响节目的进程。这种互动的直接和多元化,也只能在直播时才可以充分表现出来[3]。

二是参与门槛降低。网络直播不再受制于固定的电视台或电台的直播的形式,任何企业和个人都可以在网上创建账号开始直播,无论主播是否经过专业培训。

三是直播内容具有多元化的特点。除了一些传统媒体平台的直播形式外,户外旅游直播、网络游戏直播、发布会直播等,都可以利用互联网进行。

9.2 直播营销的模式

1. 从直播主体角度出发的"直播+自媒体平台"模式

(1) 用户流量大、引流方便。在自媒体平台上进行直播往往可以拥有较大的流量,可以拥有较多的引流方式,受推荐的影响较小。譬如抖音作为最大的直播平台,吸引流量的方式多种多样,包括但不限于短视频、直播、同城、搜索等方式[4]。同时,使用短视频的方式能够为直播营销带来大量的流量,同时直播还能够为短视频引流提供帮助。

(2) 有利于产品宣传。传统的电子平台属于人们寻找商品,即用户通过App搜索来查找所需的产品。

(3) 与观众互动加强。同时,一些现场直播的电商以直播的方式展示产品的细节,辅以秒杀、截图、打折等方式,来增加互动[5],购买率相对较高。

2. 从直播主播角度出发的"直播+流量人物"模式

(1) 流量人物有一定的粉丝基础。随着流量人物的加入,直播营销的模式已经发生了巨大的变化。明星艺人和知名主播,往往有非常多的追随者,粉丝是他们进行直播销售的基础资源。

(2) 流量人物宣传提升品牌形象。通过主播的宣传和推荐,提高产品的知名度,让品牌被更多的粉丝认同。

(3) 流量人物具有一定的号召力。当流量人物在互动直播活动中讲解产品的优势亮点时,就能轻易打动消费者群体,进而形成消费模式。部分流通领域的营销已有规模化的特点,具有很强的带货能力,具有较高的转化率,这就导致了大量的消费模仿,也使部分品牌拥有日益增长的市场空间[6]。

3. 从直播内容角度出发的"直播+企业宣传"模式

(1) 快速解决用户疑惑。直播本身就是在进行实时的沟通和交流,当企业通过视频直播宣传产品时,用户如果存在什么疑惑可以直接通过留言、评论、连麦等方式直接解决。同时,直播人员可以直接将产品性能展示出来,体现品牌实力,进而提升品牌知名度。

(2) 使消费过程更清晰。直播营销可以展示产品的更多细节,使购买者可以更清晰地比较各个方面,譬如产品的外部、使用效果、性能等方面,从而使用户可以更好地进行购物选择。

(3) 进一步提升用户的消费体验。传统广告仅仅通过图片和文字展示产品,作为消费者可能会怀疑这些展示资料的真实性。而在直播镜头中,实时的试用与展示会令人感觉更加真实,同时通过较为明显的对比还能提升用户的购买欲望[7]。

4. 直播受众角度出发的"直播+目标受众"模式

(1) 拥有准确的目标用户。直播是实时进行的,用户需要在主播通知的固定时间段内观看,因此能够准时进入直播间观看直播的用户的忠诚度是比较高的,都是精准的目标用户。

(2) 提升用户参与感。在直播模式下,用户与商家、与产品产生互动,在直播内容产生的过程中发表言论,促进用户参与感的提升。

(3) 可以进行即时沟通。在直播营销过程中,用户可以通过直播平台的评论入口即时直接发表意见,既可以与内容制作方沟通,也可以与其他观看直播的用户交流,将自己的观点传递出去。

综上所述,直播营销的模式及其特点如表9-1所示。

表9-1 直播营销的模式及其特点

分类角度	模式类型	特点
从直播主体角度	直播+自媒体平台	便于引流
		有利于产品宣传
		互动性强
从直播主播角度	直播+流量人物	有粉丝基础
		提升品牌形象
		有号召力
从直播内容角度	直播+企业宣传	快速解决用户疑惑
		使消费过程清晰
		进一步提升用户消费体验
从直播受众角度	直播+目标受众	拥有目标用户
		提升用户参与感
		进行即时沟通

9.3 直播营销的未来发展趋势

1. 多元化：网络直播带货会进入各种行业

直播行业的高速发展，让很多领域发生了变化，如电子商务、文化传播等。在直播经济增长的趋势下，通过"直播+"的形式实现转型升级的网络文化企业、传统企业越来越多地增加经营内容或进入网络直播领域。

2. 虚拟化：虚拟主播是行业的发展趋势之一

虚拟技术带动传统直播视频形态变革，通过人工智能与创新技术的应用相结合，创造了一个多维度融合的视、听、触空间。在各种各样虚拟技术的加持下，虚拟世界变得愈发真实。同时，真人与虚拟环境叠加的虚实结合方法，大大提升了用户体验效果，扩大了企业应用场景[8]。

3. 正规化：出现许多直播相关企业、项目等

随着进入直播电商行业的品牌越来越多，个人的力量较为薄弱，团队化、正式化就显得极为重要。与此同时，主播也不能直接获取收益，而需要将这些收入与团队分享，以此换取更专业的推广与引流。

4. 服务化：直播内容不再限于物品

现如今的直播内容已不再限于实质性的物品。直播鉴定、批发类直播、知识付费、行业直播、心理咨询、法务咨询等直播方向都在不断发展，吸引了一大批观众，并使一部分人对该产业产生了兴趣。

9.4 直播营销的活动步骤

1. 定目标：明确直播营销要实现的目标

进行策划直播营销活动时，首先要理清直播思路，从全局出发，有目的地规划和实施计划。

直播营销策划的总体思路规划分为目的分析、方式选择、策略组合三部分。

(1) 目的分析。对品牌或者企业来说，品牌及企业的直播并非简单的互联网选秀节目，也不是简单的网络游戏分享，而是一个推广活动，所以，要根据产品自身、目标用户和营销目标来确定直播目的[9]。

(2) 方式选择。要结合一些直播营销推广的具体方式，比如饥饿营销、明星效益、粉丝经济、利他营销、颜值营销等，而这些方法的选择需要根据企业或者品牌的经营特点来确定。

(3) 策略组合。选择好方法后,要制定最佳的直播策略,策略的制定需要灵活地结合产品、场景、创新等模块。

2. 策划、筹备：为直播做准备

(1) 写方案：将抽象思路具体化。直播方案的主要内容包括直播目标、直播简介、人员分工、时间节点和预算。

① 直播目标,明确直播需要实现的目标、期望吸引的用户人数等。

② 直播简介,对直播的总体思路做出简单的说明,包含直播形式、直播主题、直播特色、直播平台等内容。

③ 人员分工,对直播运营团队中的工作人员进行分类分组,并明确各工作人员的主要职务和职责。

④ 时间节点,明确直播中所有的时间节点,如直播前期准备的时间点、宣传预热的时间点、直播开始的时间点、直播完成的时间点等。

⑤ 预算,描述说明整个直播活动的预算状况,包括直播中各个环节的开支预算,并合理控制与协调资金费用。

(2) 备硬件：筹备直播活动硬件支持。在直播活动进行之前,就必须预先检测好直播活动中所运用到的硬件,尽量减少偏差与遗漏,以防止因准备或操作上的疏漏而影响到直播活动的最终结果[10]。直播营销的硬件包括场地选取、直播设备设施、直播配套辅助设备设施等。

(3) 做宣传：设计好直播宣传的策略。在直播活动前,要做好预热宣传,在选择合适的宣传渠道、宣传方式和宣传频率上要有明确的规划,及时引导用户提前进入直播平台、直播间,以保证直播当天的火爆程度。

3. 开直播：直播营销活动的执行

为了保证直播活动顺利进行和完成目标的需求,在进行前期准备工作时,团队的工作人员要遵循规划好的策划方案,这才能保证直播活动的各阶段顺利进行,从而保证成功直播。

(1) 直播开场时,可以让用户了解这场直播活动的主题和内容等,使用户对这场直播产生更大的兴趣,并停留在直播间观看。

(2) 直播过程中,借助营销手段、发放优惠券、红包互动、才艺技能展示等方式,提升用户对本场直播的兴趣,从而更加提高用户观看直播的积极性,使用户愿意长时间停留在直播间,然后进行购买行为[11]。

(3) 直播结束时,对用户致谢,然后宣传推广即将推出的直播活动等内容,激发用户兴趣，吸引用户的关注，提升粉丝黏性和忠诚度，同时引导用户在其他媒体平台上分享本场直播中推荐的产品。

4. 再传播：二次传播，放大直播效果

虽然直播结束了，但营销并没有结束。直播运营团队还需要将经过重新设计制作的与直播相关的照片、文字、视频等传输给无法直接观看直播的人，最大限度地提高直播的效率。二次传播有视频传播和软文传播两种形式。

(1) 直播视频传播的内容可包括以下几个方面：①录制直播画面；②直播画面浓缩摘要；③直播片段截取。

(2) 直播软文传播的内容包括以下几个方面：①分享行业资讯；②提炼观点；③分享主播经历；④分享体验；⑤分享直播心得。

5. 做复盘：总结直播经验

在直播营销中，复盘是指直播运营团队在直播完成后，对此次直播的成功效果做出回顾性判断，总结在直播中所获得的成功体会，以及从直播中得到的经验见解，并提出后续建议的过程。直播营销复盘包含以下步骤。

(1) 复习目标：最初的目的或者预期的结果是怎样的。

(2) 评价结果：根据最初确定的计划，分析在实施过程中的优缺点。

(3) 分析原因：直播成功的关键原因和失败的根源。

(4) 总结规律：包括经验、反思、规律和行动计划，以及需要采取哪些新举措、新方法等，哪些项目可行并需要继续推进，哪些项目应该停下来。

参考文献

[1] 刘东风. 直播营销发展的动因、模式及趋势[J]. 新媒体研究，2022，8(12)：26-28+35.

[2] 刘爱萍. "新4C法则"视域下出版社网络直播营销研究[D]. 长沙：湖南师范大学，2021.

[3] 邵碧玉. 后疫情时期出版业网络直播营销探析[J]. 中国出版，2021(1)：59-63.

[4] 谢予川. 直播带货：媒体深度融合的范式建构与思考[J]. 新闻世界，2020(12)：35-38.

[5] 鄂晓桐. 后疫情时代电商直播的革新之道[J]. 新闻研究导刊，2020，11(20)：99-101.

[6] 赖雅红. 从传播学角度看网络直播带货及媒体融合发展的启发[J]. 新闻研究导

刊，2020，11(19)：132-133.

[7] 洪涛.直播带货：媒体融合的新尝试[J].新闻世界，2020(10)：39-41.

[8] 戴琦，马一凡，刘蒙蒙，马琳，徐秋锦.时尚企业直播营销模式类型分析[J].中国市场，2021(17)：125-127.

[9] 陈永森.进口零售电商直播模式下的消费者决策影响因素研究[D].杭州：浙江大学，2021.

[10] 饶俊思.电商直播营销应用及发展策略研究：以淘宝直播为例[D].南京：南京师范大学，2019.

[11] 夏红玉.出版直播营销的风险及流程优化策略研究[J].传播与版权，2022(7)：69-71.

第10章 新4C营销

随着现代科学技术的发展，以无线通信技术和网络技术为基础的新媒体日益兴起。由于新技术的诞生，媒介形态也呈现多样化，网络电视、网络广播、电子阅读器等都在新的媒介平台上移植传统媒体的内容。于是新媒体与资源平台的联系日益紧密，产生了大量的新媒体资源平台，在我国较为热门的平台有知乎、百度百科、百度贴吧等等，这些平台极大地方便了用户获取和分享资源，收获了众多用户的喜爱与支持。

"新4C法则，就是在合适的场景下(context)，针对特定的社群(community)，通过有传播力的内容(content)，结合社群的网络结构促使人与人之间进行连接(connection)，快速实现信息的扩散和传播，最终获得有效的商业传播和价值。"[1] "4C法则融合成4个方向，也就是互联网及新媒体接下来发展的4个趋势，即进入一个场景感知时代，进入一个连接的时代，进入社群经济和社群时代，进入优质内容传播时代。"[2]

10.1 新4C法则下的场景营销

"基于移动互联技术，根据用户所处的地点、时间和情境，进行场景分析和信息沟通，连接线上线下，为用户创造智能化、个性化的服务体验"[3]，是场景营销的创新之处。新4C法则中提及的场景营销更是以用户为导向的营销战略，致力于塑造新的消费态度，传播新的生活观念，与消费者进行更深层次的沟通交流，以求建立更长久的用户信任。

多数新媒体资源平台凭借其丰富的资源与优质的内容输出，拥有庞大的优质用户群体，能够与用户产生深度的交流影响。喜马拉雅、知乎等资源平台便洞察消费者的场景需求，利用新兴科技手段进行精准定位、互动体验、合理分配场景资源，打造出多方位的沉浸式体验。

1. 喜马拉雅FM：精准定位，产品优势融入场景

场景营销的关键是找到产品优势以及利益支撑点，将其融入可互动场景，证明其真实性与可体验性，这就要求平台对自身功能优势与目标用户精准定位，直击痛点下沉市场。新媒体音频类资源平台的代表之一——喜马拉雅联合元气森林举办的"元气满满N次元派对"走进高校活动便是实现精准定位的典型案例之一。

根据《2021年中国耳朵经济发展专题研究报告》，喜马拉雅作为中国在线音频市场行业巨头之一，其受众以18~30岁人群为主，年轻有活力的大学生是其重要受众组成部分之一。在本次场景营销中，喜马拉雅将自己定位为"元气年轻人的耳膜娱乐平台"，将受众定位为高校学生群体，把握"开学季"时机，联合元气森林走进60多所高校，近距离提供娱乐生活一站式服务。首场派对以"同频"为主题，在中南大学校内以"频率"为逻辑主线设计了6个趣味活动区，总共近300平方米，将喜马拉雅优质音频内容与元气森林品牌理念进行深度场景融合，展现了"追求与大学生同频"的产品理念。

定位体系的有效性不仅体现在营销受众的精准下沉，还体现在场景资源的分配切合受众需求，展示产品优势。"元气满满N次元派对"便以频率命名六大线下活动空间，例如∞Hz同频率码采集区、100Hz元气扭蛋机、74Hz涨姿势照相馆等[4]，场景结合后疫情时代的"绿码出示""年轻人社交恐惧困境"等热点，同时洞察大学生收听场景，精选百条喜马拉雅的优质音频，以文字、音频、视觉等形式作为场景，使用Z时代独创的语言体系与大学生达成"同频"，实现定位体系视角下场景营销的成功。

2. 知乎：场景逻辑与互动体验并存，打造持久IP影响

场景营销不仅需要依靠定位体系进行精准定位，还需借助场景的体验体系来与受众互动，让受众自证场景的"说服力"，从而实现"受众自我教育"，让受众自行体验后产生"认可与信赖"。知乎场景营销创意的线下体验馆——"不知道诊所"便借助场景设计和强互动、高沉浸体验，形成持久影响。

丁香医生秉持着"聚焦院外健康场景，做健康生活方式向导"的战略，不断对多元化的健康场景进行探索，把专业的知识以更加有趣、可看的方式传递给群众。早在2019年，第一个"没毛病俱乐部"线下快闪店在广州落地，在"没毛病大富翁""上瘾骗局""靓仔美容院"等互动游戏中融入健康知识，在各个场景中，都有丁香医生的健康指导。随后丁香医生又和盒马鲜生推出了"没毛病知食超市"，和迪卡侬推出了"好动没毛病研究所"等一系列场景体验活动，将健康知识和饮食、运动等生活场景结合，成为绝佳的IP塑造方式。

10.2 新4C法则下的连接营销

只有建立连接才能构建稳定的网络社会结构，实现有意义的互动与流变。社群为王的时代，连接营销不仅便于信息扩散，更能帮助个体获得情感上的满足，发挥社群内部的协同机制，进而构建良好的交互生态。下面在了解百度百科、百度贴吧和知乎三大新媒体资源平台营销模式的基础上(见表10-1)，聚焦其连接营销维度的方式和特征，试图引发有关连接营销的新思考。

表10-1　三大新媒体资源平台营销模式

平台	核心定位	营销模式
百度百科	网络百科全书	行业百科、企业百科、特色百科、词媒体
百度贴吧	兴趣导向在线互动交流平台	特权推广、精准推荐、短期曝光、广告软植入
知乎	高质量问答社群	内容发酵、用户分享、用户搜索、社媒扩散

1. 百度百科：以专业内容为连接，加强用户黏性

互联网时代，人们可获取信息的渠道越来越多，但百度百科作为一项网络百科全书，包括旗下的秒懂百科等，仍然是网民在获取权威信息时倾向选择的，核心就在于百度百科在营销中以专业内容构建与用户的连接。

以专业内容构建与用户的连接，主要体现在百度百科坚守商业价值观，严格把控内容审核。例如，百科词条虽然人人都能编辑，但是必须从第三方客观角度出发并配合有效文献佐证，客户行业选择也会从法务、风控、有无负面新闻等多维度综合考量。一方面，满足广告主的营销诉求，提高其对百度百科权威性的认可度；另一方面，百度百科注重用户体验、不断优化，在具有先天用户基础优势的层次上提高用户满意度，在便利性、丰富度、专业性、时效性等方面全方位提升用户通过百度百科获取专业内容的体验，于潜移默化的沉淀中加强用户黏性。

2. 百度贴吧：以趣缘文化为连接，建立社群认同

百度贴吧通过搜索引擎关键词进行组建，用户在平台上进行自由的表达和观点的交流，汇聚网络趣缘群体。"网络趣缘群体，是指一群对某一特定的人或有持久兴趣爱好的人，主要借由网络进行信息交流、情感分享和身份认同而构建的'趣缘'共同体。"[5]

基于百度贴吧用户的"网络趣缘群体"特征，百度贴吧的营销对象呈现群体化分布，成员往往有相似的爱好、价值观念、生活追求、社会标签等，便于营销者获得群体消费者画像，进而有针对性地制定内容和垂直领域产品服务。同时，得益于群体互动中成员的高度参与性，贴吧用户有更强的意愿获得或分享信息，很大程度上提高百度贴吧在营销过程中的信息到达率。此外，营销者可在贴吧内进行群体渗透和长线运营，与用户相互认可，构建长期的友好关系，建立社群认同和情感维系，进而挖掘趣缘群体的创造力和巨大的粉丝经济商业价值。

3. 知乎：以知识社交为连接，促进持续发展

通过知乎知识营销产品矩阵分析(见图10-1)可知，知乎营销聚焦于打通知识生产生态链，构建知识营销新生态，形成从内容生产到营销传播的完整营销闭环。

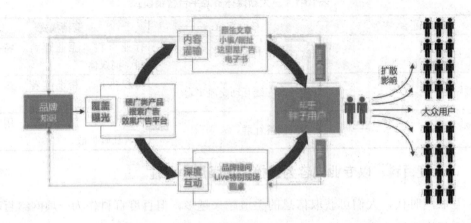

图10-1　知乎知识营销产品矩阵分析[6]

连接营销是知乎在营销过程中必不可少的一环,知乎的连接中介以知识社交为主。一方面,知乎的回答页面设置有"赞同""反对""收藏""评论"等按键,意味着用户的评判会影响答案的排名和其他用户的关注,这样就保障了优质内容的生产和曝光;另一方面,知乎从邀请制逐步演变为开放式知识平台,围绕问答社区的核心定位创新性地开辟了社区产品和知识市场产品两大领域,社区产品有文章专栏、知乎圆桌、问答、想法等,知识市场产品有知乎书店、知乎Live等。志趣相投的成员会依此建立社会连接,分享见解与看法,形成社交圈,建立社区认同感。知乎还积累了大量行业意见领袖并推出"知+"服务,不断培养有潜力的用户,完善层次多样、结构丰富的连接节点,注入新的活力,进一步促进持续发展。

10.3　新4C营销的发展趋向

1. 抢占元宇宙赛道,增强场景趣味沉浸化

现今"元宇宙"大风口下,"虚拟人"大行其道,交互、人工智能、区块链等技术的应用已逐步渗透革新营销市场,虚拟世界的构建为场景营销打开了全新世界。资源平台可以将场景营销与线上AR虚拟现实、线下VR增强现实技术相结合,拓展或重建虚拟应用场景,或者通过虚拟代言人进行宣传,利用大数据与算法精准定位、丰富个性化体验,从定位、体验、场景三维度打造更强的沉浸感、交互性场景。

2. 构建高参与度社群,加强文化传播

借鉴百度贴吧的社群营销经验,新媒体资源平台应建立清晰的细分社群领域,将用户吸引到细分社群中来,为用户输出更集中、更优质的信息内容。同时,平台可以设置等级排名系统或者奖励积分制度。社群中的意见领袖往往可以影响到群体的意见,只有

刺激用户积极地参与到平台中，才能扩大社群社交的范围，提升曝光度。

社群中，知识的输出方与消费方以知识为链接，在建构文化认同的基础上，通过社交互动，将链接核心升级至文化情感的共振以及价值观念的同频。为了加强社群文化的传播，平台可以开设系列的持续性活动，不断征询用户意见。同时，平台应当充分重视意见领袖的多平台活跃性，实现平台内外的文化传播。

3. 构建专业生产机制，以个性化内容吸引用户

若将社交价值最大限度地转变为商业价值，优质的内容是不可或缺的。在当今激烈的市场竞争下，只有专业的、稀缺的内容产品才能在市场上占有竞争优势。高质量的内容产品是形成平台良好口碑的关键。新媒体资源平台要想获得长久的发展，就必须站准定位，提升平台的专业性，深度挖掘潜在的资源价值，构建专业的内容生产机制，提供优秀的内容，以满足用户需求。

除此之外，想在激烈的市场竞争中脱颖而出，还需要生产个性化的内容。不管是跨界联名，还是IP营销，平台应充分发挥主观能动性，通过联动线上与线下的内容营销，形成一个持续性话题，赋能品牌更多持续的价值，吸引更多的潜在用户参与和体验，从而成功扩大平台的影响力，树立平台形象。

4. 刺激价值认同，加强情感交互

虽然场景、社群、内容要素同时具备，但由于知识产品输出的稳定性、意见领袖的流失、线下拓展力度不强等，新媒体资源平台可能存在用户连接能力弱的问题。新媒体资源平台要想维系用户黏性，促进持续发展，还需要进一步加强情感连接。一方面，新媒体资源平台基于其提供资源的核心功能，必须保障优质内容的生产，这是新媒体资源平台不断发展的基础动力，既能吸引新用户，又能刺激老用户的正向价值认同；另一方面，"用户对平台的信任受到信息交互和情感交互的显著影响"[7]，启示新媒体资源平台在进行连接营销的过程中精准对标用户需求，激励用户参与，加强情感联系和交互社区的建设。

新媒体资源平台可以通过打造交互场景、建立情感认同、加强文化传播等手段，平台与平台之间也可以互相取长补短，开创出更具有创新意义的营销方式，实现商业价值和社会价值。

参考文献

[1] 唐兴通. 引爆社群：移动互联网时代的新4C法则[M]. 北京：机械工业出版社，2015.

[2] 刘胜男，唐兴通. 互联网社会学：洞见传媒人的未来：唐兴通和他的"移动互联网时代的新4C法则"[J]. 中国传媒科技，2015(4)：017.

[3] 解学芳，陈思函. 5G+AI技术群驱动的文化产业新业态创新及其机理研究[J]. 东南学术，2021(4)：146-157，248.

[4] 王芸虹. 知乎"不知道诊所"，专治不懂之症[J]. 销售与市场(管理版)，2018，(1)：93.

[5] 罗自文. 网络趣缘群体的基本特征与传播模式研究：基于6个典型网络趣缘群体的实证分析[J]. 新闻与传播研究，2013，20(04)：101-111+128.

[6] 中国知识营销白皮书：以知乎为例 2018年[C]//.艾瑞咨询系列研究报告(2018年第4期).轶名，2018：382-419.

[7] 周涛，檀齐，Takirova Bayan，等. 社会交互对用户知识付费意愿的作用机理研究[J]. 图书情报工作，2019，63(4)：94-100.

第4部分

新媒体赋能传统营销

新媒体环境下的视觉营销
新媒体环境下的内容营销
新媒体环境下的体验营销
新媒体环境下的病毒营销

第 11 章　新媒体环境下的视觉营销

11.1　视觉营销概述

11.1.1　视觉营销的概念

视觉营销(visual marketing)，是一种营销方法，它将视觉展示作为实现营销目标的一种手段和一个出发点，并通过刺激消费者的视觉体验来实现销售，是一种直观的视觉体验所呈现的营销技术，也是一种通过视觉冲击和审美刺激来吸引客户对目标产品兴趣的营销策略。表面上，视觉营销使用各种视觉元素，如标志、颜色、图像、广告、橱窗展示和陈列柜，提供产品信息和特征；内涵上，视觉营销经过视觉技术辅佐向消费者传达品牌文化、服务理念，并进行品牌营销。

21世纪初期，中国学者马大力明确地提出了"视觉营销"这一概念。他在《视觉营销》一书中提出："视觉营销是借助无声的语言，实现与顾客的沟通，以此向顾客传达产品信息、服务理念和品牌文化，达到促进商品销售、树立品牌形象的目的。"[1] 如今，"视觉营销"策略已成为眼球经济和体验经济时代的重要营销策略，而新媒体的出现与兴盛为视觉营销带来了全新的挑战与机遇。

11.1.2　视觉营销的类型

网络环境中的视觉营销主要有图片、GIF图、视频等形式。

1. 图片

图片营销在五光十色的传播环境中十分常见，把"产品"相关的信息用图片进行处理，与其他方式相比更加简洁、形象、具体。"互联网+视觉营销"时代，90%的信息通过视觉模式到达大脑，而从生理层面来看，人脑吸收和处理视觉内容的速度比文字信息快6万倍，效率和效果大大提升。另外，图像可以更直接、更便捷地表达观点、情感情绪及性格特质，尤其是对于"千禧一代"来说，具有视觉冲击力和趣味性的图像对他们有着天然的吸引力。对信息的可视化处理可以大大增强受众的理解和接受度，对抽象的数据而言尤为明显。

利用色彩、图案、设计从一种图片营销中脱颖而出的案例屡见不鲜，其要点无非两个：一是突出，即通过形状、颜色、纹理、比例等多种视觉语言，在第一时间捕捉观众的视线，实现高到达率与高转化率；二是有内涵，即充分调动消费者发挥想象力与感性，协助消费者在记忆中提取自身阅历，引发消费者共鸣，最终让消费者去思考和记忆，从而强化产品和品牌在他们心中的印象，达成营销目的。

2. GIF图

在新媒体时代，GIF图是人们用来抒发展现本性、情感和观念的利器，对于品牌来说也是如此。GIF图比图片更鲜明，比视频更全面，能让观众在几秒钟内掌握一个更完整和连贯的故事或情境。

3. 视频

视频形式为视觉营销留出充足的发挥空间，但在传统长视频环境中，需要在短小精悍与丰富圆满中找到平衡。相对来说，视频形式能更长时间地吸引注意力，且更为直观，冲击力强。另外，随着视频平台的兴起，视频营销更容易获得流量，传播速度和影响力远高于图文形式。

11.1.3 视觉营销的重要性

1. 有助于营销信息的高速传播

在信息爆炸时代，人们每天都会接触到大量的品牌信息，消费者对于信息的过滤能力也不断增强。但视觉体验仍是重中之重，从此处下手更能推进信息传递的效能。依靠新媒体技术与平台，视觉营销越来越多地嵌入文化消费的各个环节，从创意生产到传播互动，视觉营销无处不在。因为视觉营销能够快速传递品牌信息，增强消费者的品牌记忆，促进品牌与消费者的沟通交流。

2. 有助于增强营销内容的吸引力和关注度

MDG Advertising调查报告的数据显示，比起没有使用图片的内容，使用具有吸引力图像的内容可以增加高达94%的阅读量。当新闻稿中包含照片时，页面浏览量增加了14%，当包含视频和多媒体时，这个数据增加到77%。优质图片的搜索影响常被品牌方忽略，但有调查显示，搜索受众和搜索引擎本身都高度重视视觉作品，60%的消费者表示他们更有可能考虑或联系在本地搜索结果中显示图片的企业；67%的消费者表示产品形象的质量在消费者选择和购买产品时"非常重要"；7%的消费者认为清晰、详细的图像是非常重要的，比产品信息、完整描述和客户评级更为重要[2]。有了新媒体技术的辅助，品牌能够通过视觉媒体讲述品牌故事，更清晰地描绘受众，进而大大改善潜在消费者的体验，使其内容在多媒体渠道脱颖而出。

3. 有助于通过营销信息帮助建立品牌形象

在劳拉•里斯唐•舒尔茨(Don Schultz)的《视觉锤》一书中，作者把"视觉形象"比喻成一把锤子，可以把品牌的信息和语言像钉子一样钉在消费者的脑海里，现实中也有很多例子证明了这一点。通过视觉营销，不仅可以直接增加高曝光率和点击率，还可以增加消费者对品牌的正面印象，进一步增强营销信息传播的结果。比如奢侈品常通过模特硬照、动图来表现超常的审美品位，从而提升品牌的神秘感与高级感。

在整合营销传播理论当中，营销大师唐•舒尔茨(Don Schultz)将树立一元化的品牌视觉形象作为开启整合营销传播的第一个步骤，这表明品牌外化形象是品牌最直接也是最明显的个性表达，消费者在进行品牌联想时首先想到的是品牌的视觉形象。所以，成功的品牌在其视觉符号塑造和视觉营销中，会设计折射品牌的精神内涵和价值诉求的品牌形象。

11.2 新媒体时代的视觉营销特点

1. 形式更加多元、个性

不同于从前线下百货商店的商品陈列、店铺装潢等形式，在新媒体时代，视觉营销更多地在互联网中以视频、虚拟现实(VR)、增强现实(AR)、3D全息投影的形式进行。

(1) 视频。视频可以通过讲故事和纪录片的形式向用户介绍一个品牌的想法和价值观。优质的、创新的视频内容可以在社交媒体上实现病毒式传播。同时，B站、微博等社交媒体平台，以及抖音、快手等短视频平台，为视频视觉营销提供了新的发展空间，让品牌在各个平台上充分发挥其资源优势。

(2) 虚拟现实(VR)。VR是一种新的视觉表现形式，它利用虚拟现实技术360度展现事物的全貌，准确无误地传达信息，且不受电子屏幕尺寸的限制。VR全景可以弥补视频图文传播信息扁平、片面、灵活性低的缺点，同时也可以实现表现模式多样化和多渠道推广。对于品牌来说，VR全景项目的开发周期短，其链接可以开辟不同的推广渠道，项目数据的收集也更为便利。这种新兴的营销方式能够吸引消费者注意，带给用户一种前所未有的临场感，让他们专注于体验。

(3) 增强现实(AR)。在网购时，消费者只能浏览图文信息，无法直接触摸产品，所以非常注重视觉体验。AR购物就是一种能够提升视觉体验的全新形式。AR产品素材可以模拟消费者线下购物时的感官体验，比仅在网络上看二维图像更真实，能留下更深刻的印象。利用AR可以提高消费者对品牌的认知度，增强好感度。

(4) 3D全息投影。3D全息投影技术是利用干涉和衍射原理,记录并再现物体真实三维图像的技术,人们无须佩戴3D眼镜也能看到立体虚拟场景[3]。全息光影场景利用5D投影技术营造出极具"代入感"的沉浸式场景,为用户提供一场视听盛宴。比如餐饮行业在其运营策略中运用5D全息投影来提升用餐环境,形成了差异化运营模式,让消费者在"吃喝"的过程中叠加"玩乐"的效果,提升了消费者的用餐体验感,同时直接带动用户主动传播,形成裂变,将营销价值最大化。

2. 内容更新潮、多变

2021年,东京奥运会成为万众瞩目的热点,"体育"成为视觉营销的主要热点趋势。2022年,"元宇宙"这一概念也成为营销潮流,新兴技术影响了视觉图像的表达,再次拓展了想象力的界限。在新媒体的支撑下,视觉营销的内容紧跟时代潮流和社会热点,呈现变化繁杂的特点。

3. 传播更广、更灵活

视觉营销擅长从用户熟悉的场景中搭建视觉氛围,线上线下同步推出视觉产品,让用户不论身处何地都能被产品包裹,形成产品记忆。例如李宁在2022虎年到来之际不仅全新设计了虎年生肖主题图案,推出了虎年产品和多种虎年主题活动。其产品广告大片从囤年货、新发型、新衣裳、照相馆和小舞台5个用户熟悉的新年场景中拍摄,还与品牌代言人联合拍摄了"一件新衣""贴对联"等新年系列短片,让用户找回年味,感受新年的仪式感。

11.3 新媒体时代的视觉新营销现状

1. 同质化——对视觉营销的理解和应用不够深入

现今,人们已普遍意识到新媒体营销配合视觉营销的重要性,但很多商家对视觉营销的理解和应用仍停留在表面,例如部分电商认为做好视觉营销仅仅是为了"夺目",却没有在视觉元素表达上突出品牌文化的意识,没有考虑到"夺目"的背后是沉淀品牌文化、积累用户忠诚度、促进长久营销的终极目的,只是利用抖音、快手等短视频平台模板类视频大规模产出,使用相同的文案套路与剪辑手法。对于市场上流行的、热度较高的模板元素直接"拿来主义",确实有可能低投高产,"红极一时",但经不起时间推敲的内容,最终只会不可避免地被同质化的"沙漠"埋葬。

2. 视觉营销的把控力度不足导致的营销误区

(1) 夸张营销——销售者的描述与产品信息不匹配。一些品牌企业或内容产出方为了迎合消费者市场，赚取更多流量，往往会夸大产品功能，刻意修饰[4]，为追求点击量使用"爆款""热点"元素博取眼球，却鲜少将自己的产品或服务的真实信息完整呈现。这种只注重表面热点而忽略自身产品调性的虚假、浮夸的营销方式，一方面易引起消费者的反感，另一方面会逐渐失去品牌文化沉淀和品牌形象塑造的机会，使品牌淹没于市场，无法收获长期稳定的营销效果。

(2) 虚假营销——产品质量与营销内容不匹配。新媒体视域背景为视觉营销提供了丰富多彩的视觉元素、内容呈现平台和天马行空的创意实现的可能性，但同时，一些品牌或企业也容易在这种环境中"迷失自我"，在通过视觉营销宣传产品时编造产品功能，鼓吹产品质量，虚假宣传。当营销的失真完全暴露，消费者发现产品或服务的真实情况同营销内容存在较大差异时，市场信任与品牌用户忠诚度将极速流失，甚至还有可能导致消费者对产品或品牌产生抵触情绪，直接影响营销效果，威胁营销运营[5]。

3. 单一性，缺乏其他营销手段的协同

与其他营销手段的协同是实现整体营销目标的重要保障。然而，很多企业在实施视觉营销时，往往缺乏与其他营销手段的协同和配合，导致整体营销效果不佳。视觉营销需要注重与其他营销手段的协同和配合，形成整体营销策略和方案，提高整体营销效果。同时，统一性是视觉设计的重要原则之一，缺乏统一性也会导致视觉效果混乱和不协调。只有注重视觉设计的统一性才能够确保不同元素之间的协调和统一，提高视觉效果的整体感和美感。

4. 过度依赖特效与动画效果，忽视用户需求与心理

特效和动画效果能够增加视觉元素的吸引力和动态感。然而，过度依赖特效和动画效果会导致视觉效果过于花哨和夸张，影响用户的感知和体验。视觉营销需要合理运用特效和动画效果，避免过度使用和滥用。用户需求和心理是影响视觉营销效果的重要因素之一。然而，很多视觉营销往往忽视了用户需求和心理的重要性，导致用户对内容的感知和体验不佳。

11.4 视觉营销的发展趋向

当文字、影像、色彩等元素不断加快融合、延展、渗透乃至消融了视觉呈现的边界，新媒体营销配合视觉营销应该做的就不仅是对用户"投其所好"，还应该综合思考，结合技术、情感、品牌定位等多元因素，深入探究视觉营销能进一步为新媒体营销带来哪些更加多元而富有吸引力和趣味性的营销方式。

结合新媒体营销配合视觉营销现今存在的不足之处，以下几点在未来发展中或许可

以重点关注。

1. 充分重视并灵活运用"大数据"这一运营工具

新媒体时代，大数据分析与整合运用不断发展，也是新媒体营销的一项必备技能。因此，加强视觉营销的创新研究，利用大数据建立视觉消费模型、发展精准视觉营销，已是大势所趋。

(1) 检测消费行为变化，及时满足消费者需求。短时间内用户的消费行为就会发生许多变化，而大数据通过早期发现和记录变化的消费者数据，可以为营销规划的创新变化指明方向，在用户需求最高的时候及时加以满足，实施营销策略。

(2) 信息相关性分析助力营销个性化、差异化。大数据可用于细分用户，并根据用户在不同时间点的兴趣和需求进行个性化推荐，从而实现针对视觉商务的新媒体营销活动。大数据可用于多维度分析关于用户的不同类型的数据，并找到大量数据中各项之间的关系。例如，大数据可以用来发现用户购物车中不同产品之间的关系，分析用户的消费模式，了解用户经常有规律地购买哪些产品，从而为用户更好地推荐合适的产品，展开视觉销售策略。同时，品牌可以通过接收大数据效果的实时反馈来调整他们的营销策略，进一步加强营销的精准度。

2. 不"随大流"，明确产品定位，注重品牌形象塑造

一个企业或品牌想要用视觉销售策略玩转新媒体营销之前，必须首先了解其产品定位、所针对的主要消费群体以及不同消费群体的习惯偏好。现今很多品牌在视觉营销策略建设中都容易忽略自身的独特调性，抓不住"视觉"与"营销"的内核，采取的营销策略往往"放之四海而皆准"。而这就容易导致产品、服务的特点不突出，在特定用户群体中的竞争力不足，进而影响到新媒体营销效果。因此，实施新媒体营销配合视觉营销战略，首先应明确自身产品定位，既要融入市场热点元素，也要立足自身品牌文化表达，构筑品牌形象。

例如我国男装品牌海澜之家，在营销过程中首先明确了自身市场定位是中端男装，同时配合"海澜之家，男人的衣柜"这一品牌标语，精心设计营销方式，创新性融合职场精英、中年精神"小伙"等视觉营销元素于自身品牌文化[6]，兼具趣味性与传播性，塑造品牌形象特色，使其丰富饱满而有记忆点。

3. 坚持创新，重视视觉营销与情感联系的作用

视觉营销的目标是利用视觉冲击力和美学视觉识别来推行产品和服务，以吸引潜在客户的兴趣，其核心是"传达"，是"营销"，但更是"艺术"。艺术总需要百般打磨，因此"拿来主义"与"顽固主义"都无法真正达成理想的视觉营销传播效果。要发

挥视觉营销对品牌或企业新媒体营销的助力作用，就必须始终坚持创新，不断聚焦热点，把握潮流更迭。品牌与企业应找寻自己的独特风格，搭建属于自己的视觉营销体系，立足自身市场定位，同时坚持内容呈现方式创新、视觉呈现载体更新、产品内涵与场景融合形式翻新，不断丰富视觉呈现元素。

另外，近年来消费者的关注重心逐渐从产品功能向情感体验转移。虽然视觉营销在新媒体视域下能够为消费者传递较为精准的产品信息与使用价值，但在消费者情感价值给予方面还有所欠缺。因此，现今社会，关注产品、服务与消费者的情感联系已是一个不可忽视的重点。视听觉元素对文字细节的每一个处理，都有可能唤起用户更为深刻的情感共鸣，达到意想不到的营销效果。

例如，2021年，网易云音乐推出一款互动H5产品——"色彩声学研究室"，通过让用户根据不同的声音选择自己联想到的内容及场景(见图11-1、图11-2)，沉浸式满足用户的感官体验，同时将生成的人格及个人专属颜色报告分享到朋友圈，既能够满足新媒体时代人们渴望获得点赞、评论，收获认同感，激起用户的分享和表达欲[7]，又能更好地促进品牌营销。这样，多途径地与消费者进行沟通交流，了解消费者的情感诉求，深入挖掘消费者乐于参与和融入的场景，并将其融合在视觉呈现载体中，有助于最大程度发挥视觉营销形式新颖、吸引力强的优越性，多方位促进新媒体营销不断焕发新活力，持续发展。

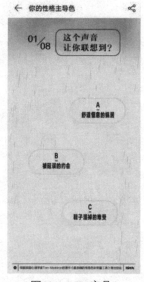

图11-1　H5产品1

图11-2　H5产品2

参考文献

[1] 马大力. 视觉营销[M]. 北京：中国纺织出版社，2003：2.

[2] Michael Del Gigante. It's All About the Images [EB/OL]. (2018-10-1) [2022-10-23]. https://www.mdgadvertising.com/marketing-insights/infographics/its-all-about-the-images-infographic/.

[3] 曾红宇，张波. 3D全息投影技术在数字出版物中的应用探索[J]. 科技与出版，2015(11)：101-104.

[4] 段兴禹. 新媒体视域下视觉营销在品牌营销中重要性及构建研究[J]. 全国流通经济，2021(35)：25-27.

[5] 余洪. 视觉营销的研究现状及发展前景展望[J]. 营销界，2021(11)：150-151.

[6] 段兴禹. 新媒体视域下视觉营销在品牌营销中重要性及构建研究[J]. 全国流通经济，2021(35)：25-27.

[7] 张剑，韦雅楠. 互联网传播中品牌情感营销策略探析[J]. 青年记者，2021(22)：113-114.

第12章　新媒体环境下的内容营销

内容营销如今已经成为互联网营销影响力最大的营销方式之一，新媒体配合内容营销更是爆发出惊人的力量。如何在众多内容中脱颖而出，吸引与抓住用户成为所有企业和产品面临的重要课题。本章根据文献研究，对内容营销的定义进行了整合，以番茄小说与微信公众号的内容营销为例，通过重点阐明其运行机制与模式，对内容营销展开具体的论述分析。

12.1　内容营销概述

12.1.1　内容营销的概念

在大众传媒时代，信息的传输往往以单向为主，受众对于信息的接收以被动接收为主。但在新媒体时代，随着媒体的去中心化以及受众赋权特点凸显，品牌方在内容输出上会更多地将受众的意愿以及喜好等考虑在内，更加注重顾客意识，而受众能自行搜索以及选择接收自己需要的信息，并且能够在消费过后通过评价、意见反馈等手段反作用于品牌方。内容营销越发成为品牌方宣扬企业文化、传播产品信息的良好手段，同时内容营销作为新媒体营销的手段之一，也是企业吸引用户、留住用户的有效方式。

在新媒体时代，内容营销依托于媒体的更迭以及社交媒体平台的高速发展，乘着科技的红利，随着社交方式的智能化、便捷化的升级，近年来备受品牌方的青睐，而其所表现的营销效果也极具研究价值。随着内容营销的兴起和普及，与之相关的文献也层出不穷，我们查阅了大量优质文献，内容营销涉及以下几个方面：第一，内容营销的主体为企业及受众，企业与受众之间存在互动性；第二，内容营销主要由企业依据受众喜好及需求进行并作用于受众，并且在逻辑的背后受众也以某种方式反作用于企业，这是一个闭环的过程；第三，内容营销主要渠道为新媒体平台，并依托新媒体平台的高交互性、高形式包容度等特点，以多样化的内容介质来达到良好的营销效果；第四，内容营销区别于普通的内容分享，其重点之一在于营销，可以通过内容传递信息的同时实现营收，将社交内容转化为一种社交资产，带动整个新媒体营销的变现链路；第五，内容营销的目的在于传播企业文化及品牌信息，满足受众接受信息的需求，并且通过受众的搜索行为提高品牌知名度，通过评价等反馈行为完善企业的用户指向以及及时调整产品定位等；第六，内容营销能够通过信息吸引受众，留住受众、完成新媒体营销的拉新和留存两大目的。

总结来说，依托于新媒体的内容营销与传统的内容营销多了一层新媒体营销的加持，其营销平台更加广泛，内容投放形式更加多样，且互动性明显增强。因此，我们将新媒体内容营销界定为企业根据受众需求的反馈，依托新媒体平台发布所生产的对目标受众有价值的并能够传递自身企业文化的内容，受众通过主动选择信息并因此被激发消费需求，促使内容转变为社交资产成功变现，达到新媒体营销中拉新及留存受众目的的活动。

12.1.2　内容营销的发展

内容营销并不是随着新媒体营销而产生的新兴概念。1895年，约翰·迪尔(John Deere)就创办了首部企业出版物《耕耘》(*The Furrow*)，1996年，里克·多伊尔(Rick Doyle)在美国报纸编辑协会的新闻记者发布会时提出了"内容营销"这一概念；2001年，定向媒体公司(Penton Custom Media)公司首次使用"内容营销"一词(Pulizzi, 2012)[1]。在2012年以前，对于内容营销的定义模糊且混乱。但当新媒体时代来临，依托于媒体平台的多形式、高兼容度等特点，内容营销才更加丰富并愈发有效。据文献研究，对于内容营销的定义逐步明确，从与传统营销区别开，到确认了内容营销的企业与受众这两大主体，再到阐明内容营销吸引受众，促进消费的主要目的，最后到明确内容营销的关键是提升内容的吸引力与社会价值。内容营销分别经历了内容营销1.0、2.0、3.0时代，其特征分别为以植入营销为主、以定制营销为主以及以体验营销为中心[2]。相较于以前的内容营销1.0、2.0，如今的3.0时代，新媒体营销渠道更加丰富，形式更加灵活，内容传播更加高效，受众的自主需求更加强烈。此时，内容营销逐渐转变为以人为中心，更强调企业与受众之间的互动性。

12.1.3　内容营销的作用机制

概括来说，内容营销的作用机制为"内容传播者→内容媒介→内容受众→内容消费(转化为产品、服务消费)→内容受众→内容媒介→内容传播者"[3]。首先内容营销主要发生在企业与受众之间，企业通过对目标受众需求分析，借助多样化的内容来传达信息给受众，受众通过主动搜索吸收等手段接触到信息，从而与企业发生关联，在受众接收到信息之后，消费行为会受到一定程度的刺激，之后会产生一个主观评价，这又重新对企业的内容生产产生影响。在依托于新媒体的内容营销的整个作用流程中，新媒体平台作为流通渠道以及信息投放平台，就像一座桥梁，打通了企业与受众之间的信息流通。内容营销作为新媒体营销的主要形式之一，它出色地完成了对用户的拉新、留存等工作,并且满足了当下受众弥补信息接收不平衡的需求,内容营销多为通过生产优质的、有创新性的内容,借助具有交互性的新媒体平台,将内容转化为社交资产,在平台传播以及企业与受众、受众与受众之间流通过程中实现其变现价值。形象来说,内容营销主要分为三个阶段:第一,讲故事——企业通过讲述品牌故事,向受众传达企业文化、产品信息等;第二,对话——企业回答受众留言,与受众进行深入交流,刺激消费;第三,互动——受众消费引发主动反馈以及企业主动寻求反馈,以此助力企业升级[4]。

对于企业来说,内容营销能够更加具体地传达企业文化、产品信息,并且还能及时收到受众的反馈;对于受众来说,既能主动地去搜索、接收信息,又能得到具体详细的信息,大大满足了受众的求知欲。因此,内容营销不仅是企业作用于受众、企业获利,受众的需求得到了满足、受众获利;同时也是受众反作用于企业,为企业的升级、转型等提供了极大的便利。

12.2 小说网站的内容营销

以内容营销为配合的新媒体营销,可以更快更好地实现拉新。现如今有越来越多的网站和App以内容营销的方式进行拉新,其中较为典型的就是免费小说网站的营销。

12.2.1 网站采取的内容营销形式

番茄免费小说在短视频平台的内容营销主要有两种形式:一种是以文字的形式,在短视频平台发布站内小说的文案与前几章内容,以小说内容本身的悬念吸引受众或者以看小说领金币提现的特点作为营销的噱头,以此作为拉新的手段;另一种是以视频的形式,抓住时事热点,将站内小说的主要情节拍摄成短剧,以视频的形式传播,并借视频内容达成对小说及网站的宣传。两种形式都以拉新为目的,但各有千秋,文字形式省时省力,只需要将小说原模原样地呈现出来,但限于文字的传播效果有限,营销效果一般;视频形式更加费时费力,从挑选演员到拍摄剪辑都需要一定的时间与金钱成本,但相比文字,视频的传播效果更好,能达到更好的营销效果。

12.2.2 用户生产内容(UGC)模式

从番茄免费小说的内容生产来看,该平台主要使用的是用户生产内容(user generated content,UGC)模式。番茄免费小说网站对作者的门槛要求很低,有写作意向的用户都可以成为作者,该网站正是通过这一模式拥有了充足且丰富的内容。而该网站的另一类用户——小说读者,也拥有评论段落、章节和整本书的权限,由此可以达到作者和读者交互的目的。

这样的用户生产内容以及内容营销模式可以运用AISAS模型来进行分析。AISAS模型分为关注(attention)、兴趣(interest)、搜索(search)、行动(action)和分享(share)5个环节，而番茄免费小说网站进行的内容营销可以使受众做到前4个环节。受众在看到网站内容营销的广告后，可能被吸引，并对其内容产生兴趣，进而进行搜索和购买，成为该网站的用户；分享这一环节则是由用户主动进行的，他们在进行下载App并进行阅读这一购买行为后，其中一部分便步入了分享阶段，"对于处在'分享'阶段的在线消费者而言，他们会主动创造'用户生产内容'。他们会通过各种形式表达自己对品牌、产品、企业或服务的正面评价或负面批评。"[5]而这种分享出的评价又形成了另一种内容营销的形式——用户无意中主动进行的内容营销。这样就形成了一个循环，新的受众又可以从用户发布的内容营销中重复这一步骤，转变为新的用户。

12.2.3　内容营销与用户的交互

内容营销这一营销手段强调消费者(也就是用户)的作用，番茄免费小说网站所做的内容营销也充分考虑到了受众的需求。首先在作为"内容"的小说选择方面，只有字数与完读率达到一定要求的小说可以申请推广，也就是说营销的"内容"是经过筛选的，在一定程度上符合受众的需求。用这样的内容进行内容营销，可以更好地吸引到该平台的目标受众。其次，在文字形式的推广中，文章的背景、排版都较为符合用户的阅读习惯，能够较好地满足用户的需求。最后在视频形式的内容营销中，所选择的剧情和桥段都是剧中精华亮点，可以吸引目标受众。

在内容营销中，用户与平台是相互影响的，这里的用户不只是读者，还有与网站签约的作者。读者、作者和网站三者之间的循环是这样的：作者的写作内容需要符合网站整体的风格，又需要符合读者的喜好；网站的风格由大多数作者小说的风格决定，推出的营销内容也根据读者的喜好而定；读者根据自己的喜好选择网站，又被网站推荐与喜好相符的小说。这样循环下来，番茄免费小说网站有了固定的受众，同样有了固定的标签。可见，"内容营销的核心不是依托单次营销活动向消费者推销产品或服务，而是通过持续的内容输出来构建品牌。"[6]番茄免费小说网站就在交互中成功地构建出了一个拥有较为清晰定位的品牌，而这样一个定位明确的品牌，能更好地吸引受众，达成拉新的目的。

12.2.4　内容营销对品牌定位的弊端

不可否认，内容营销对平台的拉新有很大的帮助，也极大地提高了网站的知名度。但是，与此同时，番茄免费小说采取的内容营销的弊端也逐渐显示出来。

首先就是平台内容的同质化严重。由于营销内容的影响，越来越多的作者选择模仿，试图以模仿热点内容的手段来提高自己的热度。或许这对于单个作者是有利的，但对于整个平台是不利的，因为过于同质化的内容会影响平台的进一步发展，不利于拉新各样的用户，导致用户的同质化。

其次是此类内容营销容易让网站被按上固定的负面标签。例如番茄免费小说被按上的标签是低龄化、低质量、狗血脑洞、套路化等。这些标签在很大程度上可以吸引一部分受众，但也使得一部分潜在用户流失，使得平台内的一些好作品被埋没。

但是，总体而言，采用内容营销对这样的小说网站是利大于弊的，内容营销在小说网站的拉新方面还是起到了极大的作用。

12.3 微信公众号的内容营销

12.3.1 微信公众号内容营销的特点

1. 准入与技术门槛低，生产主体多元化

申请一个微信公众号并没有特别烦琐的审批程序，几乎每一个实名登记的个人或者企业都可以注册微信公众号，只需要初级的文本编辑与排版设计能力即可，满足了大众自由创作的需求。这样，从社会精英到普通群众，从团队到个人内容生产主体不断涌入，生产主体愈加多元化。

2. 多媒体生态，内容形式丰富多样

"微信公众号背后有腾讯公司强大的技术支持，这使得公众号不仅仅是一个简单的文字、图片的发布通道，更成为多媒体的载体。"[7]微信公众号作为一个相对自由的编辑平台，实现了文字、图片、音频和视频的多媒体样态结合。不同的媒体样态带来的营销效果是不一样的，但这并不是说这4种媒体样态有优劣之分，需要结合公众号的营销目的来选择。像公众号"每日必听英语"设置的目的是英语听力的训练，主打音频推送，所以音频是其最好选择。

当然，这4种媒体样态既可以独立形成一篇推送，也可以互相结合交叉，打造一个内容形式更丰富的推送。丰富的内容形式为多样化的生产主体提供了更多的选择与创作可能，带来了更多丰富的内容，满足了不同用户的需求，为搭建生产主体与用户之间的良好关系提供了保障。

3. 用户自主选择，信息传播主动化

目前为止，微信公众号的内容并不是像短视频平台上那样有固定的主页对各种视频

进行集中推送，用户并不是在提供的选择中去发现自己的喜好，而是根据自己的需求去主动选择。"如果说数字平台是一家商店，那么微信公众号则更像一个市场。"[8]市场是自由的，只提供选择却不能过多地干涉选择。这样选择的权利始终在用户手中，一方面，用户可以根据自己的喜好关注不同的公众号，接受其推送，在感到不满意时也可以随时取消关注；另一方面，公众号自身主动向用户推送内容，提醒用户观看。这在很大程度上避免了算法和平台对内容的干扰，从而避免了平台利益对用户选择的侵犯。

12.3.2　微信公众号的内容营销模式

1. 以用户为核心创作内容

在内容营销中，用户是根本，而内容是基础。"内容营销的核心是提供优质的内容，因为优质内容必然有助于传播并且转化成绩效。"[9]这也就是说内容生产主体需要通过发布有价值的内容来吸引用户，从而刺激用户主动消费。微信公众号并不是一个传统意义上的广告平台，在推送内容时也不能完全直白地推送广告，围绕用户的需求去创作定制内容，进行有针对性的推广才是商家通过公众号所要完成的目标。

以"南方黑芝麻"企业公众号为例，它的直接目的就是宣传自己的产品，但是在其发布的内容当中并不是一系列直白式的广告。疫情期间，它做了几篇关于南方黑芝麻集团捐赠物资的推送，这样有利于树立良好的集团形象；有时该公众号也推送养生类知识，这类推送更像是和用户唠家常，淡化了广告的意味，用户对产品的信任也就加深；有时该公众号也普及金融类知识，提醒用户防范金融风险，构筑与用户的亲密关系。"南方黑芝麻"公众号的推送内容是非常广泛的，但这样的广泛其实都是依据用户诉求而来，每一则看似与产品没有直接的关系，其实是对产品的营销。

2. 二次推广扩大影响范围

前面提到，微信公众号是一个"市场"，对于微信公众号所发布的内容，用户拥有很大的自主选择权。在这样的情况下，公众号看似处于一个被动的僵局中。但是用户绝对的选择权与公众号完全的被动局面并不是一个圆满的模式。没有挑选与推广机制，用户就会很容易陷入一个不知道如何选择的困境，内容生产主体在自己利益得到有效保证的情况下也不会有太大的信心去努力生产优质内容。所以，微信公众号在一定程度上要有自己的主动权。

微信公众号的主动权优势来自微信软件强大的社交性。"每一个用户都成为圈层传播的节点，用户黏性因其关注点和分享面而强化。"[10]用户分享是公众号内容营销中非常重要的一环，不管是分享给微信列表好友，还是分享至微信群和微信朋友圈，其实都是非常方便的。消费者之间通过社交媒体实现信息传播与共享,有助于增加用户对品牌的认知与了解,这也使得公众号内容营销的对象和传播范围更加广泛。

12.3.3 微信公众号的内容营销策略

1. 长线营销,慢慢积累粉丝

微信公众号并不是一个直接曝光的平台,用户能接触到其内容一般只能通过主动搜索或者他人分享这两种渠道,这也就导致了微信公众号的发展与用户积累是一个漫长的过程。因此当某一产品或品牌想通过微信公众号来做内容营销时,要做好长线营销的准备,首先要做到的就是在固定时间推送文章。刚开始的时候,可以采取一天一篇推送的策略,努力提高自己的曝光度,增加用户黏性,留住用户;当关注人数较多之后,保证推送内容质量尤其重要,这个时候就可以适当拉长推送间隔,不过依然需要保持推送频率,避免因内容中断而降低用户的信任感,导致用户流失。

2. 个性营销,打造独有风格

个性营销包括两方面内容:一方面指面向用户需求,创作个性化内容,进行有针对性的推送;另一方面指公众号本身个性风格的打造。越来越多的用户会同时关注多个品牌,各个微信公众号开展内容营销面临的竞争压力非常大。

产品微信公众号的内容在某种程度上反映了产品本身的特点、风格与价值,带有特色的营销方式,有助于品牌内容在一系列推送中脱颖而出,从而提升竞争优势。

3. 互动营销,创造用户参与

微信公众号与订阅者之间的互动是保持公众号生命活力的一个重要因素[11]。当公众号只是一味地向用户输送内容时,很容易带来内容接受疲劳,从而使用户产生厌烦心理。因此通过多种方式加强与用户的社交互动与品牌互动,聚焦于沟通而不是销售,才是微信公众号内容营销策略的重点。

4. 话题营销,借热点引发共鸣

所谓话题营销就是借助一些社会热点话题来创作内容,利用话题流量促进推送内容的广泛传播,吸引用户关注。以企业微信公众号白象食品官微为例,在"世界粮食日"相应做出了一篇节约粮食的有趣推送,获得了很高的阅读量。

12.4 内容营销的用户定位

在内容营销中,企业与受众之间将形成一个闭环,企业依托媒体平台发布内容,作

用于受众身上，受众在受到消费刺激后会产生一定的消费行为，后续自然会产生相应的评价行为，而这又作为一个反馈反作用于企业。前文对企业是如何借助内容营销实现对受众的影响已经进行了详述，本部分将对闭环的最后环节，也是最容易被忽视的环节进行详述。

相较于传统的内容营销，在新媒体时代下的内容营销中，受众不仅是内容的接收者，也是帮助企业创造内容的创造者和传播者。企业为受众提供了内容，受众满足了自身的信息汲取需求，就会受到该企业的吸引，很大程度上会成为该企业的客户。如果想要增加用户黏度，除了类似于福利活动等的营销策略，更重要的是要透彻了解目标受众需求，即向受众寻求反馈，将企业战略转向受众导向。以App中的用户反馈功能为例，每一个软件在开发过程中都会存在或多或少的缺陷，在技术层面上，可能存在运行错误等，但这不在本次讨论范围内；在功能层面上，由于功能是与用户息息相关的，所以有什么问题，如何可以更好地修复，或者说如何能够做得更加人性化，这就不仅是凭借程序员肉眼查杀就可以完成的，此时，在App中的用户反馈功能就显得尤为珍贵。再回到内容营销的最后一个阶段，企业就像是发布程序的一方，受众就是使用方，能够体验到企业提供的功能，还能反过来为企业纠错，帮助企业更好地把握受众需求，促进企业创造更加优质的内容。

以微信公众号为例，对于微信公众号来说，形成个性化运营的前提就在于要有一个清晰的定位，确立一个公众号定位，需要贴合当下用户需求，明白"服务对象是谁"[12]。基于对目标受众的精准定位与分析，微信公众号的创立就完成了第一步，而接下来就是内容的创作、筛选与发布，并且对于公众号来说，定期更新内容是吸引用户、留住用户的关键。随着更新内容的增多，用户会对内容产生自己的想法，如果能通过有价值的内容来引起用户的反馈，那么对于一个微信公众号来说就是进入了内容营销新的阶段。当用户根据内容主动地反馈问题，创立者就能够从用户的反馈中抓取用户需求以及内容上存在的不足，这对于公众号来说就是一个查漏补缺、翻新升级的过程。

就内容营销而言，企业在进行内容营销之前先要进行用户定位，这是一个初步定位，然后通过媒体平台发布生产有有价值的内容，然后受众接收信息，被激发消费冲动，在消费过后会产生主观评价。如果内容营销的整个作用机制戛然而止，那么对于受众来说，没有渠道与企业进行主动沟通，即使有主动搜索并选择信息的举动，最终的结果相当于纸媒时代被动接收信息，只有输入没有输出；对于企业来说，缺少了用户的反馈，那么就无法实现与受众之间真正的互动，并且在后续的营销过程中，会逐渐趋于盲目。因此，这最后的受众反作用于企业的链路是新媒体时代内容营销中隐藏的重要一环。

参考文献

[1] 张虹. 后流量时代内容营销视域下的时尚品牌传播[J]. 丝绸, 2021, 58(8): 67-72.

[2] 贺爱忠, 蔡玲, 高杰. 品牌自媒体内容营销对消费者品牌态度的影响研究[J]. 管理学报, 2016, 13(10): 1534-1545.

[3] 周懿瑾, 陈嘉卉. 社会化媒体时代的内容营销：概念初探与研究展望[J]. 外国经济与管理, 2013, 35(6): 61-72.

[4] 臧丽娜. 从"用户产生内容"(UGC)拓展在线广告消费者研究的新方法[J]. 现代传播(中国传媒大学学报), 2012, 34(10): 99-102.

[5] 程明, 龚兵, 王灏. 论数字时代内容营销的价值观念与价值创造路径[J]. 出版科学, 2022, 30(3): 66-73.

[6] 张旸. 微信公众号：以互联网思维探析"自出版"新平台[J]. 编辑之友, 2017(12): 23-28.

[7] 戎骞, 刘宇阳. 微信的数字出版发展研究[J]. 出版参考, 2014(24): 20-21.

[8] 傅慧芬, 赖元薇. 消费电子品品牌社交媒体内容营销策略研究：基于联想、华为、HTC和三星微信公众号的内容分析[J]. 管理评论, 2016, 28(10): 259-272.

[9] 任文京, 甄巍然. 微信社交化阅读困扰与突破路径：兼论"微出版"的可能性[J]. 中国出版, 2015(07): 36-39.

[10] 刘玉洁. 新媒体时代的内容营销：以微信公众号为例[J]. 新闻研究导刊, 2021, 12(1): 243-244.

[11] 程明, 龚兵, 王灏. 论数字时代内容营销的价值观念与价值创造路径[J]. 出版科学, 2022, 30(3): 66-73.

[12] 刘帆帆. 教育类出版社微信公众号的精细化运营：以译林出版社"译林英语"公众号为例[J]. 出版广角, 2022(13): 77-80.

第13章 新媒体环境下的体验营销

在营销过程中，消费者的情感和主动性越来越受到商家的重视。消费者不再被视为完全被动的群体，而是一个个有着自己感受和需求的个体。商家开始关注消费者的体验，开始关注如何才能让消费者在体验中满足情感需求，产品与服务不再仅仅满足消费者的使用需求。为了更好地推广商品，帮助消费者更好地理解和感受商品的特性，越来越多的商家开始使用体验式营销方法。得益于互联网与新媒体技术的进步，体验营销的实现不再局限于线下。基于新渠道和新技术的在线体验营销正在蓬勃发展，发挥着越来越重要的作用。体验营销与新媒体相结合将有助于树立品牌形象，加强消费者与品牌之间的情感联系，无疑将起到双赢的效果。

13.1 体验营销概述

13.1.1 体验营销的发展

1998年，美国战略地平线(Strategic Horizons LLP)顾问公司创始人约瑟夫·派恩和詹姆斯·吉尔摩在《哈佛商业评论》发表的《欢迎体验经济的到来》中表明，服务经济已经达到巅峰，体验经济时代即将来临。

第一个提出系统的体验式营销概念的是伯恩德·H.施密特(Bernd·H. Schmitt)，他所著的《体验式营销》(*Experiential Marketing*)指出体验营销有5个维度，分别是消费者的感官、情感、思考、行动、关联。不同于派恩和吉尔摩的设想，他认为，消费时消费者同时被理性和感性左右，研究消费者行为和企业品牌营销最重要的是研究消费者在消费过程中的体验。

对于体验式营销理论的拓展，国内的专家学者也做出了重要贡献。无论是建立5E组合策略模型[1]，将体验(experience)、情境(environment)、事件(event)、浸入(engaging)、印象(effect)这五大要素有机组成体验营销组合策略，还是率先提出SHUP模式，由看(see)、听(hear)、用(use)、参与(participate)四部分组成(刘宏，2005)，都为国内学者研究体验营销理论打下了坚固的基础。目前国内关于消费者体验的形成机制的解释主要分为三派：一是以施密特为代表的"顾客体验矩阵""顾客体验之轮"[2]，二是以刘凤军等学者为代表的"环境决定论"，他们认为消费环境的变化导致顾客消费的结构、内容、价值目标等发生了变化[3]，三是引入个人体验期望、体验结果和个人差异等因素，分析它们如何互相作用，得出消费者体验满意值取决于其体验结果和体验期望的差值的结论[4]。由于体验价值在需求结构中地位与作用的不同决定了体验营销模式及策略存在着差异，体验营销模式的设计取决于企业对体验的定位究竟是消费者消费的核心产品还是消费的附加产品，有学者认为这两种体验营销模式在具体实施过程中应得到有效区分[5]。

21世纪，体验营销概念传入我国。随着体验营销概念在国内的迅速传播，相关理论不断地延展扩充，体验经济乘风而上，学者、企业家们大胆开创未知的领域，取得了一定的成就。但体验营销在国内的发展仍处于初级阶段，这不意味着中国不适用于体验营销[6]。正是因为体验营销在国内发展较为落后，我们有必要结合国情发展新的中国式体验营销，增强企业的竞争力。在以互联网媒体为代表的新媒体时代，感知价值和满意度逐渐被营销领域重视，从市场导向转向消费者导向，原本就强调以消费者为中心的体验营销，在新媒体时代有更多创意，商家和消费者的互动也更加多样化。

体验营销侧重于为顾客创造一种体验，进而引发一种有深刻记忆的情绪或反响。这种记忆或情绪反应一般会转移到品牌上，从而建立起正面的情绪连接，为市场营销人员、品牌和参与者提供了共赢的机遇。

13.1.2　体验营销的特点

1. 主体性

在派恩和吉尔摩提出的"六步走战略"中，第一步就是"提出一个中心的连续性的主题"。一切创造体验的活动，都是围绕这一主题展开的。企业实施体验营销策略前要创建一个主题，让它以此为起始点，让品牌、产品都与此主题紧密相连，或者创造一个"主题情境"。

2. 互动性

消费者的体验来源于自身的某种经历对情感、心理、思想的触动，互动体验将企业、品牌、产品、服务与消费者的生活日常相联系，赋予消费者社会层面的意义和价值感触。

3. 以体验为导向的产品和服务

当体验作为企业生产的产品核心而存在时，消费者消费的核心就是体验，有形的产品和服务，不过是体验的载体而已。

4. 消费体现感性

在伯恩德·施密特之前，学者们设想消费者在消费时都是理性的。但事实上，由于信息差的存在，很多消费行为都是感性的。理性和感性同时支配着消费者，对顾客的消费内容、结构和价值目标都产生了影响。

5. 以顾客为中心

体验营销的创新基础是对消费者需求结构的改变，消费者的满意度将直接影响体验式营销的效果，对企业营销进行以客户需求为中心的引导。企业应该主动地和消费者进行沟通，不只从物质上，更要从精神上增强消费者的满足感。

13.1.3 体验营销的操作方法

派恩和吉尔摩提出了体验营销的六步走战略：①提出一个中心的连续性的主题；②形成印象；③排除其他干扰；④提供值得纪念的事物；⑤确保能调动更多的感觉体验；⑥收集反馈意见，持续改进[7]。

"六步走战略"具体实施方案：企业提供一个体验的主题，在顾客心中形成一个印象；消除与此体验主题无关的噪音；在这个过程中提供一段值得回忆的经历，而这段经历正是体验营销能否成功实施的关键所在；从视、听、味、嗅等多种感官角度增强消费者体验的乐趣；在此过程中不断与消费者沟通；收集反馈信息不断改进方案，增加顾客的体验，从而实现持续的体验营销。企业在具体操作中还应该注意对细节的把控。

将企业的经营理念与社会经济发展趋势结合在一起，树立体验营销的意识与强化对体验营销策略的理解。在新媒体时代，企业要实施体验营销模式，就不能忽略对于网络体验的设计；同时，企业实施体验式营销，人才是关键，应该建立高效系统的人才队伍。只有团队将每一个细节都实施到位，消费者才能获得体验最大化的满足。

13.1.4 体验营销的种类

1. 产品体验策略

高质量的产品是营销的根本，体验营销并非"避实就虚"，而是"虚实结合"[8]。

2. 情景体验策略

体验营销理论认为，消费者在情境中收获通过感官体验、情感体验、价值认同对情境中的美学元素的体验及接受其传达出来的精神内涵，从而产生购买冲动。

3. 品牌体验策略

派恩等认为企业必须将商品嵌入体验品牌之中,从而塑造出讲求体验的品牌形象,顾客就会热衷于购置这种商品。品牌是一组产品和服务区别于竞争对手的符号象征,是品牌能将企业内外部营销整合到一起的重要因素。产品的影响力通常低于其品牌,品牌的扩展和延伸是产品无法具备的优势,品牌的运作是为了给消费者留下深刻的品牌体验。

13.1.5 体验营销与新媒体相结合的优势

(1) 加深客户对产品和企业的理解,促进消费者对产品和品牌理念的理解。例如,宜家的商品交叉展示式的样板间不仅让消费者体验到了商品,同时也是宜家对其品牌理念的诠释。

(2) 提高产品和企业的信誉,让消费者相信产品会给他们带来切实的利益和价值。

(3) 提高客户对产品和服务的满意度。体验之后,消费者已经对产品有了充分了解,基于此的购买行为可以减少消费者对产品产生不满情绪的可能性,帮助产品和企业获得更好的传播效果。

在对产品的体验中,消费者不仅与产品产生了密切的接触,也与品牌建立了情感上的联系,有助于品牌社区的建立,增大消费者通过线下与网络渠道分享产品体验的可能性。

13.2 体验营销的应用

新媒体时代,随着消费者的体验意识日趋增强,消费者不再仅仅满足于产品的功能等理性层面的需求,受情绪情感所驱使的消费比重逐渐增加,容易被感性信息所吸引,如商品和服务是否满足了其对高档生活的追求,购买行为是否能带来快乐等等,而这种更高层次的需求能否被满足将成为影响购买决策的重要因素之一。体验营销摆脱了传统的以产品为中心的模式,极大程度上减轻了通过广告来"硬卖"的压力,转而形成以消费者为中心的模式,实现了话语权的转变,聚焦消费者的感官、情感、需求、喜好、价值观等方面,强调与消费者的互动和情感的有效连接,在增加产品附加价值的同时为消费者提供轻松愉悦的优质体验。

新媒体营销配合体验营销首先要明确产品的优势和卖点,然后抓住消费者情感、感观、行为等方面的诉求,根据消费者的需求点和痛点提供体验服务,同时借助媒体平台和技术手段为营销提供多元化的可能,如AR、VR等技术对感官层面的触达和延伸。

13.2.1 线上线下的闭环式体验营销

在电商迅猛发展的时代,传统的线下实体店仅仅对常规商品进行展示,已然无法满足消费者的多元化需求，于是纷纷开辟线上渠道，但大多呈现一种线上线下并存的关系。

电商平台作为便利的"虚拟货架"，可以高效地展现商品的信息，但也有其自身无法突破的局限性，如无法提供看得见、摸得着的体验，这很大程度上影响着消费者对于某些产品的购买，这时围绕着线下场景的体验营销就显得尤为重要，各种潮流服饰和美妆品牌纷纷开设线下体验店。此时线上和线下呈现一种相辅相成的闭环模式，即线上进行精准营销，聚焦低成本的获客，线下在泛大众化的客流中提供优质体验服务，通过关注消费者及其体验，促进深层次的触达，建立更有价值的消费者与品牌的关系，最终促成线上的购买行为，产生溢出效应。

潮流服饰品牌Vans网店拥有千万粉丝，于2021年6月在上海开办中国首家线下品牌体验店，为消费者提供沉浸式线下体验品牌文化和数字化零售服务的渠道，弥补了线上购物体验感的缺失。为了迎合青年文化爱好者的情感表达，Vans体验店还提供了创意定制服务以及个人虚拟卡通形象的服饰搭配，关注消费者的自我表达和价值的呈现，并传递了品牌文化，达成与消费者情感的有效链接。

13.2.2 加强体验感的场景营销

在产品与消费者交互的过程中，场景化氛围的搭建已经成为必不可少的战略要素。消费者的精神情感消费改变了以产品功能为主的消费模式，消费者开始注重情绪价值的体验，而场景正是构建消费者体验动机的重要手段之一。一个具有高度契合感和参与感的场景，可以提高消费者进行体验的可能性，当一个场景既合理地提供了产品的体验和服务，抓住卖点进行差异化营销，又能触达消费者的情感和需求，形成"人、货、场"的生态构架，就会在很大程度上促成购买行为。

房地产样板间和宜家卖场都是通过搭建身临其境的场景让消费者切身感受房子的构造和家具的布局，并通过打光等因素增强"家"这个场景的温馨氛围，提供人性化服务。宜家充分调动消费者的感官和情感，提供沉浸式的体验服务，营造轻松舒适的氛围，为消费者提供选择和体验的自由，且亲身的体验远比图片和文字更有说服力。宜家的体验服务更像是在和消费者进行深度共鸣，通过搭建"家"的场景为消费者提供灵魂的栖息地。

各种风格的线下概念店的出现也成为场景营销的重要手段，星巴克、耐克、茶颜悦色等品牌都进行了场景营销实践。随着民族文化自信的觉醒，许多品牌乘国风而起，茶颜悦色作为"最会做文创的茶饮店"，清晰定位了自身的产品优势，开设了以传统文化为主题的茶饮线下概念店，用文化来讲述品牌故事，并为消费者提供深度体验国风文化的场景。茶颜悦色概念店的装修极具中国审美，融入小桥流水、书籍、屏风等传统元素，并对传统审美进行现代化的创新。在视觉效果上，饮品杯身、品牌标志、社交媒体账号风格等也都采用了传统与现代交融的风格,让消费者感受到全方位的文化氛围和文化体验。

除了线下的体验,运用技术手段搭建的线上虚拟场景也可以在一定程度上为消费者提供体验的满足感。2021年,瑞士高级珠宝腕表品牌萧邦在上海举办的展览运用全景虚拟技术,打造出"VR实景店铺、VR快闪店与3D商品展示"组合的创意营销场景,让消费者足不出户便能感受到品牌带来的智能化交互体验。

13.2.3　营销中的沉浸式体验

与新媒体结合的体验营销注重利用各种方式调动消费者的感官。消费者虽然没有在现实中接触到这些商品与服务,却仿佛已经体验到了使用它们的感觉,从而沉浸其中。为了更好实现新媒体时代的体验营销,"沉浸式体验"的打造开始受到重视。

1. 真实化的产品展示

随着购物软件的发展,如何更好地展示所售卖的商品成为商家需要思考的课题。线上商品展示是商家宣传产品的虚拟橱窗。以淘宝为例,过去淘宝的搜索页面与商品详情页显示的多为1∶1比例与3∶4比例的静态商品图片,较为单调。2019年9月13日,淘宝官方上线了主图视频这一免费功能,从此店铺便可以免费上传一个时长为6秒、比例为3∶4的展示视频,可以用来展示商品细节,更好地进行介绍。

动态主图视频不仅能帮助商家吸引用户的注意力,给用户留下深刻印象,同时也能综合视觉、听觉等多种感官,给用户带来沉浸式的体验,使其更好地了解商品的细节与使用情况,从而起到促进购买欲望、增进消费的作用。

除了动态主图以外,淘宝还上线了直播功能,部分商家会在商品详情界面显示直播信息,帮助消费者进一步体验商品,了解商品特性。2022年7月,淘宝上线全景主图商品展示功能;2022年8月,淘宝搜索入口实现"短视频化",页面上的部分商品直接以短视频的形式出现,这些改进都优化了消费者浏览与选择商品时的体验,增强了互动。

2. 沉浸式的虚拟体验

自2020年起,中国的互联网媒体上刮起一阵沉浸式视频之风。所谓沉浸式视频,就是通过各种道具与话语,模拟某些场景,给观众带来身临其境般的体验。

沉浸式视频中常常会出现一些产品推广的内容。视频博主会与产品生产厂家合作,在视频中展示并使用产品,进行产品推广。在这一过程中,观众并没有实地接触到产品,而是观看了视频博主使用产品的过程,借视频博主的眼睛观察产品,借视频博主的身体感受产品。由此,博主的体验成为观众的体验。这些视频不仅分享了博主的使用体验,也在无形中激发了受众购买产品的欲望。

3. 打破界限的虚拟说服

除了沉浸式视频以外，直播带货近年来也愈加受到关注。在直播中，主播不仅能够较为全面地展示产品，同时也能实现与观众的实时互动。在直播中，如果用户有什么想法或要求，就可以及时地反馈给主播，主播会及时回复，促成购买。

种草软文同样也是近年来商家青睐的营销模式。在社区中，一些受雇于商家的博主会分享自己使用产品的体验。这些体验有时会引起受众的共鸣，受众会在平台上主动分享自己的心得与感受，从而形成一个具有品牌忠诚度的社区，在体验的分享过程中实现"安利—购买—传播"的良性循环。比起说教式的叫卖，这种体验分享式的说服更能调动受众的情感，从而达到更好的营销效果。

13.2.4 展望未来：游戏中的体验营销

随着新媒体技术的发展，商品体验的新方法势必会不断涌现。

新媒体时代，利用光、影、音等新媒体技术与各种体感装置，可以变实体空间为虚拟幻想，构建出沉浸式的空间。在未来，种种现有的界限将被进一步打破，广告不再是从前单向传播的形式，而是注重与用户的连接与互动。一些品牌可以利用元宇宙技术，推出一些线上体验的游戏。玩家在游戏中使用产品，获得虚拟的使用体验。这种营销方式在模拟真实场景的基础上，增强了广告商与用户的交互，从而潜移默化地进行渗透，借助超真实的体验推销产品。

综上所述，体验营销关注受众的情感需求，动之以情，晓之以理，并非生硬的说服，也不是强买强卖，而是让消费者切身体验产品的特性，将体验作为商品，重视消费者的情感与感受，在消费者的使用与体验中帮助品牌与消费者建立更加深厚稳固的情感联系。

参考文献

[1] 汪涛，崔国华. 经济形态演进背景下体验营销的解读和构建[J]. 经济管理，2003，(20)：43-49.

[2] 刘建新，孙明贵. 顾客体验的形成机理与体验营销[J]. 财经论丛(浙江财经学院学报)，2006，(3)：95-101.

[3] 刘凤军，雷丙寅，王艳霞. 体验经济时代的消费需求及营销战略[J]. 中国工业经济，2002，(8)：81-86.

[4] 朱世平. 体验营销及其模型构造[J]. 商业经济与管理，2003，(5)：25-27.

[5] 王龙，钱旭潮. 体验内涵的界定与体验营销策略研究[J]. 华中科技大学学报(社会

科学版), 2007, (5): 62-66.

[6] 王兆惠. 体验营销案例分析及在中国的发展[J]. 经贸实践, 2015, (11): 1.

[7] 熊名宁, 张勇. 基于STP战略的体验营销探讨[J]. 中国商贸, 2013, (36): 42-43.

[8] 郭大虎. 基于体验营销理念的房地产营销策略的变革[J]. 商场现代化, 2012, (7): 28-29.

第14章　新媒体环境下的病毒营销

"病毒营销"中的"病毒"一词来源于流行病学中的传染病模型。在营销环境中，当目标市场通过人与人之间的传播广泛发送和接收信息时，它就具有了"病毒性"[1]。当病毒式的传播原理被运用在营销领域时，其传播效果、影响力都是不容小觑的。

14.1　病毒营销概述

14.1.1　病毒营销的概念

病毒营销最初被定义为"基于网络的口碑传播"，是指发起人将最初产品信息传递到用户后，依靠用户自发的分享转发，将信息迅速向周围扩散的营销方式。病毒营销是一种常见的网络营销方法，常用于进行网站推广、品牌推广等。

美国电子商务顾问拉夫·威尔森(Ralph F. Wilson)博士提出，一个成功的病毒营销离不开6个基本要素：①不需要付费的产品或服务；②提供了毫不费力地转移给他人的机会；③信息很容易从小范围向大范围传递；④能够利用大众共同的动机和行为；⑤充分利用现有的通信网络；⑥能够利用他人的资源来传播信息。

随着新媒体的发展，许多新的媒体机会呈现在广告商面前。新媒体自带的低成本、高信息量、内容丰富、传播及更新速度快、互动性强的优势，与病毒营销"不谋而合"，两者紧密结合，在我们当下的新媒体环境和广告环境中被大量使用。有关研究表明，在新媒体环境下，有必要为病毒营销创建一个新的定义，即一种允许最短时间内以相对较少的努力，在基于网络的渠道中以指数方式分发内容，并通过内容产生可衡量的附加值，从而产生高成本效益的营销策略。

从这个定义可知，新媒体环境下的病毒营销的焦点主要放在了传播内容和受众身上。首先，作为信息发出源的传播者必须制造出能够引起受众个人兴趣并传达一定情感的"病毒"，以实现广泛的传播。传播者必须要足够了解受众，进行一定的用户调研和人群细分，从中选出最有价值的人以及他们的特征和共性。其次，要认真分析这些目标用户群体的兴趣焦点，针对不同的受众特征，选择合适的沟通渠道，设计不同的传播内容。

14.1.2 病毒营销的特点

1. 传播速度快

传播速度快是病毒营销的突出特点。病毒营销是带有自发性质与扩散性质的信息推广，并非以均衡的、同步的、无差别的方式传播给社会上的所有人，而是消费者通过人际关系将产品自身和品牌价值理念传递给和他们有密切关联的人。通常来说，当一个"信息源"产生后，传播速度将在短时间内呈几何倍数增长，最终达到惊人的传播效果。

2. 传播途径丰富

随着移动互联网技术的飞速发展，新媒体环境下的病毒营销传播途径多种多样，有微博、微信、QQ等社交媒体平台。例如之前拼多多"砍一刀"的营销手段就曾在微信朋友圈风靡一时，它巧妙地利用了用户的趋利心理，通过邀请亲朋好友来砍一刀实现口碑传播，扩大传播范围。

3. 对消费者有很强的吸引力

病毒营销信息涉及的产品属性包括享乐主义和功利主义[2]，对消费者具有很强的吸引力，充分利用消费者的参与热情，用外在信息掩护真实广告信息，让消费者放下对营销广告的戒备心，主动参与对产品的传播。

4. 接收效率高

传统营销广告旨在"广而告之"，在信息传播过程中，消费者仅仅是信息的被动接受者，很少会主动寻求信息。而病毒营销广告充分利用人际传播与群体传播，通过"让大家告诉大家"的方式，由消费者将信息传递给身边的人。在信息传递过程中，人们之间并无直接的利害关系，接受心态较为积极，接受渠道也较为私人化，受众会认为这是自己主动从熟悉的人那里获得的讯息，不会产生排斥心理，因此接受效率大大提升。

5. 更新频繁，周期短

通常来说，网络产品的生命周期都较为短暂，甚至可以说转瞬即逝。而病毒营销的传播过程通常呈现"S"曲线，即开始时传播进程异常缓慢，当受众增长至一半时传播速度飙升，往往呈指数级爆发增长，临近最大饱和点时传播速度再次下降，直至整个过程结束。同一时期可能有很多种"病毒营销"传播，当某一个"病毒营销"进程结束时，新的又会跟上，此消彼长，生生不息。

6. 监测困难，有时会引起用户反思

首先，广告主一般会同时在多个媒体平台的不同账号投放广告，除非有专门的技术支持，否则很难实时监测这些广告信息的传播状况。其次，广告效果通常会有滞后性，特别是品牌广告，所以有时候难以及时调整推广策略。最后，用户行为日志的采集和处理需要较多时间，技术部门可能无法及时提供用户行为数据，也就无法从用户体验中获得及时的反馈。并且，由于信息的重复、大量传播，一些受众可能会出现"逆反"心理，从而发布一些负面的信息，影响品牌形象和营销效果。

14.2 病毒营销的传播策略

1. 强调真实性，通过社交平台传播

在病毒营销的传播过程中，首先就是要强调事实，这是病毒营销达到传播效果的重要基础。随着移动互联网时代的蓬勃发展与社交媒体平台的迅速普及，与传统单一的营销模式不同，病毒营销可以借助社交媒体平台突破时间与空间的限制进行传播，从而真正实现像"病毒"一样大规模飞速扩散，达到更好的传播效果。与此同时，在当前信息爆炸的时代，真实性成了人们接受信息的首要条件，人们更愿意接受那些能够表达内心需求、传达自身价值观念的信息。总体来说，注重传播信息的真实性，通过社交媒体平台传播是新媒体环境下病毒营销的基础传播策略之一。

2. 注重创意性，吸引易感人群

注重传播内容的创意性是增强病毒营销传播效果的重要策略。处于信息爆炸时代，受众每天都要接触到海量信息，很容易感受到心理倦怠，因此重视传播信息的创意性，打破受众固有认知，给其留下深刻的印象，是病毒营销重要的传播策略。

新媒体环境下的营销必须对受众进行定位才有可能达到理想的传播效果，病毒营销也不例外。因此吸引易感人群主动接受并参与到病毒信息传播中是增强病毒营销传播效果的有效手段。

3. 整合营销模式，利用多样化传播渠道与策略

当前，病毒营销整合传统营销的策略与理念，充分利用现代发达的传播技术与手段，通过互联网媒介创新传播价值与理念，实现多渠道、多策略传播，从而突破时间与空间等一切外在条件的限制，实现高效、广泛传播。病毒营销的传播渠道十分丰富，涵盖信息网络、移动终端、传统媒介等，传播方式十分多样，产生的营销效果更为广泛、深入。

4. 减少负面干扰，保证用户体验

病毒营销传播具有广泛性，因此，对于其内容的监督和管理成为一个难题。原始的"病毒"经由大量的、多样化的用户二次创作和多次传播后，难免会与最初的信息内容有所偏差，导致信息失效甚至完全传播了错误的信息。首先，一些带有恶意的信息同样借助病毒营销进行传播，在互联网中迅速蔓延，从而对品牌形象、行业发展产生不利影响，有些信息还会违反法律和道德。其次，负面信息对用户也会产生不良影响，影响用户的认知和体验。

想要实现成功的病毒式营销，最重要的一点就是避免负面信息的传播。如有偏误的传播内容，策划者应该及时跟进，明确产生错误的环节，并通过输出新内容、新"病毒"的方式，及时调整推广策略，重新获得用户的信任，维护用户的良好体验。

14.3　病毒营销的发展趋势

1. 从单向传播到双向传播

从单向传播到双向传播是新媒体环境下病毒营销的发展趋势之一，这主要是因为传播者和接受者两者之间的界限趋向模糊。病毒营销摒弃了传统的单向传播方式，人人都是接受者，人人都是传播者[3]。典型的单向传播例子有2021年发布的蜜雪冰城主题曲，由蜜雪冰城官方发布在社交网站上，至今在B站上已有超2000万播放量，其中"你爱我，我爱你，蜜雪冰城甜蜜蜜"的歌词更是席卷各大社交网络平台，不少人都将其转发到朋友圈。这种单向传播机制由受众被动接受信息并将其传递给周围人，在此过程中受众并没有发挥很大的主观能动性。而在双向传播中，消费者不仅仅是被动接受信息，更会充分发挥其主观能动性，主动参与到媒介信息的传播中来，成为媒介信息的主动寻求者。

2. 从单纯洗脑戏谑到正能量传递

20世纪90年代，恒源祥投放了只有六个字的洗脑广告"恒源祥羊羊羊"，这使得恒源祥品牌知名度飞速飙升，大众也因此记住了这个品牌。但深入探究就会发现这六个字只是单纯洗脑，没有实际意义。

而ALS(amyotrophic lateral sclerosis，肌萎缩侧索硬化)冰桶挑战则充分调动了公众参与的积极性，传递了正能量。公众在社交媒体平台发布用冰水浇遍全身的视频并同时邀请三位好友参与挑战，被邀请者可以选择参与挑战或者为"渐冻症"患者捐款100美元，这项公益活动不仅为"渐冻症"患者筹集到很多善款，同时也让更多人了解到"渐冻症"患者这一群体，时至今日仍有很多人参与这项活动。此举通过裂变式传播与人际关系的互动，不仅获得了收益，更传递了正能量，让更多人关注到这一罕见

病症。

3. 从单一网站到社交媒体平台

早期病毒营销仅通过网站这种单一渠道进行传播，如Hotmail邮件广告等。而近年来，随着移动互联网时代的到来与新媒体技术的发展，社交媒体平台渗入大众生活的方方面面，这使得它逐渐取代传统网站成为病毒营销传播的主流平台，如微博、微信和抖音平台。一方面，社交媒体平台具有很强的互动性，人们可以通过转发评论等方式一键分享给自己的亲朋好友，这与病毒营销想要在短时间内进行大规模分享的目的不谋而合；另一方面，社交媒体具有强关系的特点，受众在自己熟悉的人那里接收到信息，之后将其转发到自己的社会关系网中，人际沟通一般呈现积极的强情感交流，信息接收方不易产生反感心理，主动接受传递过来的信息，从而达到裂变式的传播效果。现如今的病毒营销几乎都是经由社交媒体平台进行传播的。

14.4 病毒营销的典型案例

14.4.1 蜜雪冰城主题曲走红网络

"你爱我，我爱你，蜜雪冰城甜蜜蜜。"洗脑的旋律搭配上"雪王"的可爱动作让蜜雪冰城这一平价奶茶品牌在2021年6月火速出圈，引爆互联网。深入剖析此次出圈的营销策略，我们不难发现其中蕴含的病毒营销亮点。

1. "雪王"这一IP的打造

早在2019年，蜜雪冰城就对自己的品牌标志做出较大的调整，将原先相对单调的品牌标志改成了一个颇具记忆点的穿着红色披风的雪王(见图14-1)。这一生动可爱的IP形象很好地传递出蜜雪冰城"亲民接地气"的品牌理念，同时也让消费者不自觉地心生喜爱。此外，在此次营销事件出圈之前蜜雪冰城就已完成首轮20亿元融资，且线下门店数量已突破10000多家，为这次病毒营销奠定了较好的初始用户值。

图14-1 "雪王"形象

2. 主题曲MV的传播模式

此次蜜雪冰城推出的主题曲改编自一首美国乡村民谣《哦，苏珊娜》，旋律有记忆点，歌词重复简单，大部分用户听过一遍就记住了，为后续极高的传唱度奠定了基础。同时，主题曲采用MV的形式进行传播，短视频加音乐的有效结合打造立体化信息接收模式。

3. 采用线上线下相结合的营销模式

首先，充分引导UGC。主题曲一经发布，短短时间内就已吸引了无数用户的二次创作，例如出现了主题曲的粤语、英语等版本，不仅扩大了音乐作品本身的传播效果，也吸引了更多用户去观看原视频，引起全民参与浪潮。

其次，官方积极创造话题性，引发二次传播。主题曲爆红之后，官方发起了隐藏打卡项目，部分门店现场演唱主题曲可以免费领取一支冰淇淋。抖音也兴起了"去线下门店唱主题曲赢免单活动"，大批用户参与到探店视频的拍摄中，其中"蜜雪冰城社死现场"话题累计达14.1亿播放量。"从官方到消费者再到官方"这样的宣传消费闭环使得一个热点接着另一个热点连环引爆，线上视频传播、线下引流到门店这一套完整的营销方式也让蜜雪冰城收获了更多的流量。蜜雪冰城通过话题增强了用户联系与社交属性，在从众心理与群体感染机制的影响下，打造出影响巨大的裂变传播，在互联网掀起一股独特的"社交风潮"。

4. 品牌定位明确

蜜雪冰城主打平价，走亲民路线，紧盯下沉市场，将年轻人定位为目标受众，在喜茶、奈雪的茶等一众动辄二三十元起步的奶茶面前堪称一股"清流"。此外，蜜雪冰城深度迎合当下年轻人的价值观念，通过病毒营销把品牌塑造成一个有态度、有温情、有个性的"人"，进而迅速占领用户心智。在这场全民狂欢的盛宴中，受众将"蜜雪冰城主题曲"作为快乐狂欢的文化符号，表达出对消费主义、精英生活的反叛与不屑，也寄托了当代年轻人反内卷的快乐与"躺平"精神。

14.4.2 "羊了个羊"微信小游戏爆红之路

"羊了个羊"是一款闯关消除小游戏，于2022年6月13日首次发布，并于2022年7月29日注册通过，9月初在玩家圈子里火爆。自2022年9月14日这款游戏上线以来，抖音上的话题量已经超过16亿条，每日玩家数量超过6000万。与此同时，"羊了个羊"的微信指数也出现了爆炸性增长，日环比搜索量达到6022.98%，超过100万人玩过这个游戏。"羊了个羊"微信小游戏爆红的原因有以下几点。

1. 得益于休闲游戏的市场环境

在全球范围内休闲游戏占据了重要的市场，有着广泛的用户基础，休闲游戏占全球移动游戏下载量的80%。GameRefinery在2021年关于休闲游戏的报告中提到，休闲游戏目前是美国iOS市场中最大的子类别，占市场收入的16%。

2. 病毒营销的使用

首先，采用绝对低门槛入门的策略。本款游戏通过小程序进入，不需要安装额外的App，任何人都能玩，自然吸引了广大的用户群体，实现病毒式传播的第一轮布局。其次，"羊了个羊"的第二关"地狱模式"，由于难度太大，使得大多数玩家都需要借助道具来通过关卡。道具的获得方式有两种：一种是观看一定时长的广告，另一种是分享链接。为了冲过第二关，玩家一定会在两种方法中任选一种，而分享链接的方式更加简便、快捷，完美把握住了玩家的求胜心理，促使玩家疯狂的转发，从而引发了新一轮的病毒传播。

3. 社交媒体的利用

就如"羊了个羊"游戏公司的创始人张佳旭所言："我们现在所有的游戏都是基于社交体系出发去设计的。"首先，在游戏过程中，玩家的吐槽、抱怨、寻求朋友合作帮忙……这些行为都会触发社交活动。当游戏挑战性大的时候，用户过关的时候就会更加兴奋，这就是游戏的乐趣。"羊了个羊"正是洞悉和利用了玩家的这种心理，通过不断制造话题的方式，让每个人都自发成为传播源。

其次，"城市排名"的游戏设定增强了游戏的社交属性，一定程度上利用了地缘纽带让玩家邀请身边的亲朋好友一起加入战队。同时，在首页给各省统一排名的策略，进一步激发了玩家为家乡荣誉而战的欲望。

此外，由于大范围的病毒式传播，游戏还衍生出了许多相关的流行词以及表情包，关于游戏的通关攻略、外挂等也在网上热度极高。

"羊了个羊"在营销方面的成功有目共睹，无论是对微信小程序这种新媒体形式的尝试，还是精准把握受众心理的游戏策略，抑或是病毒式的营销手段，都是新媒体背景下病毒营销的绝佳成功案例。但其中并非没有一些隐患，从可持续的角度来看，"羊了个羊"的营销虽然盛极一时，但其游戏内容本身其实是比较单一、重复的，在用户经历过一系列的心理活动，并且也体验完游戏内容后，有限的社交圈、冗长繁杂的广告无疑成了干扰用户的绊脚石。一些用户在玩过游戏之后，其成就感和体验感会被逐渐消磨，也会有越来越多的用户开始反思这种简单粗暴的"逐利"模式和底层逻辑，导致品牌形象和口碑受损。

参考文献

[1] Wilson,Ralph,F.病毒式营销的六个简单原则[J].今日网络营销,2000(1):232.

[2] 张建斌,栗芸.病毒营销的文献综述及市场应用前沿探析[J].商业经济研究,2015(29):57-59.

[3] 陈致中,石钰.病毒营销的理论综述与研究前瞻[J].现代管理科学,2016(8):33-35.

第5部分

新媒体营销下的伦理道德

新媒体营销与用户数据挖掘
新媒体精准营销与用户隐私
新媒体营销与媒介素养

第15章　新媒体营销与用户数据挖掘

"大数据"成为新媒体时代的热门词汇之一，并催生了数据收集、存储、管理、分析、挖掘与运用的全新技术体系，重构了大数据背景之下的新媒体营销体系。本章以淘宝直播为例，分析了新媒体营销背景下电商直播平台的用户特征，并探讨平台的数据挖掘框架、流程和主要的数据挖掘方法，分别从电商直播平台、用户、电商三者角度探究电商直播平台用户数据挖掘的应用。

15.1　大数据挖掘的发展

通过近百年的努力，营销的"科学性"逐渐建立，并在20世纪80年代达到成熟。营销的科学性主要通过三个层面来建立，其一是能够帮助营销者实现有效的信息控制，并对这些信息进行相关的包装、策划；其二是能够精准地瞄准受众，利用恰当的媒体渠道以及营销手段直达目标受众，实现最终提升销售的目标；其三是这些手段、方法能够重复进行。基于这三个层面，传统的营销一直试图通过科学的手段探知受众并把握其需求，做出市场预判，并通过大众媒体进行有效的、低成本的传播，最终帮助生产者进行适销对路的生产，同时满足消费者的各种需求，实现生产与需求之间的匹配。

大数据在成为物联网和云计算的不可或缺的要素同时，也影响着社会生活的方方面面。数据的使用贯穿于整个营销过程的始末，对于营销的效果起着至关重要的作用。当数据挖掘出现之后，人类获取知识的手段有了跨越式的发展。营销也在此时能够综合运用各种数据与信息进行交互式的分析，并日臻成熟。

新媒体营销背景下，电商直播被视为新的消费潮流，强大的带货能力与专业营销团队的引入，也让其成为新的风口。本章将重点探讨基于新媒体营销的背景之下，数据挖掘技术赋能电商直播的内在逻辑和形成趋势。

涂子沛所著的《大数据》一书梳理了近年来人类社会活动中数据收集、处理和分析的发展。1970年，IBM研究院的埃德加·科德发明了关系型数据库，这不仅是软件开发史上的一个突破，也是大数据处理技术的起源。1992年，"数据仓库之父"比尔·恩门发表了《构建数据仓库》，阐释了数据仓库的含义。随后，"联机分析"的出现将独立的数据库结合起来，把数据转换成信息和知识，以多维的方式进行剖析，因此出现了基于关系型数据库的运营式信息系统。

不同于联机分析对数据进行的前瞻性探索,数据挖掘的主要目的是发现隐藏在数据表面下的历史规律,并预测未来。虽然数据挖掘没有统一的定义,但人们普遍认为:"数据挖掘是一个从不完整的、不明确的、大量的并且包含噪声的具有很大随机性的实际应用数据中,提取出隐含其中、事先未被人们获知、却潜在有用的知识或模式的过程。"[1]刘颖认为,数据挖掘就是从复杂多变的数据出发,挖掘出多样的、有利用价值的信息供行业使用[2]。牛佳惠表明,数据挖掘通常分为三个阶段:数据准备、数据寻找和数据表示[3]。袁澍清和王刚认为,在应用数据挖掘技术之前,必须有大量的数据,处理海量的数据需要存储和计算的系统,并有相应的模块来分配、存储和调度多个数据,数据挖掘技术对处理后的数据要进行分析和挖掘,使算法与数据之间相辅相成,产生出更多更好的经济方面的应用场景[4]。

2008年底,中国科学院计算机研究所研究员何清开发了中国第一个基于云的并行数据挖掘平台,实现了高性能和低成本的数据挖掘。何清证明了只有通过数据挖掘才能发现数据的潜在价值[5]。刘芬认为,数据挖掘技术可以使数据的价值得到充分挖掘和更好的利用,并能显著提高数据管理和应用能力[6]。

1993年,我国开展数据挖掘技术的研究,中国科学院合肥分院成为首个被自然科学基金支持进行数据挖掘技术研究的机构,从此以后,我国掀开了数据挖掘研究的序幕。20世纪90年代中后期,数据挖掘中的一些较成熟的技术,如关联规则挖掘、分类、聚类分析等被逐渐用于时间序列数据挖掘和空间数据挖掘,以发现与时间或空间相关的有价值的模式。近年来数据挖掘研究又有拓展,已渗透到时空数据、智能交通、生物信息、医疗卫生、金融证券、多媒体数据挖掘、文本数据挖掘、Web数据、社交网络、图数据、轨迹数据及大数据等各个领域。

15.2　新媒体电商直播用户数据挖掘的架构

在大数据背景之下,"数据挖掘"这一技术已经被广泛地运用到生活的方方面面。不管是学者研究领域,还是商业营销领域,用数据挖掘技术来处理数据一直以来都是热点话题,当下也被越来越多的人所关注。种种迹象都表明,数据挖掘技术代表未来面对大量数据处理技术的一个大体趋向,其所涉及的数据采集、数据预处理、聚类分析和数据变换等各种核心技术和算法都将成为未来各行业处理数据不可或缺的一部分。

随着互联网技术的发展,"直播+电商"的模式应运而生,突破了电商行业的瓶颈,成为新媒体营销的新模式,为积极求变的电商行业带来了新的支持。2016年,直播电商产业开始蓬勃发展;2019年,直播电商飞速发展,这一年被称为直播电商元年;2020年,直播电商成为新潮流。

电子商务平台与直播的结合已经成为现阶段顾客消费和购买商品的重要渠道之一，并在理论和实践中逐渐受到关注和重视。淘宝直播是电商直播化的典型代表，一方面，直播电商是流量与电商平台之间的连接桥梁，为电商带来流量，由此呈现电商直播化趋势；另一方面，直播社交平台依靠流量实现商业变现，因此呈现直播电商化的趋势。牛泽坤、隗樊经研究表明，从行为逻辑来看，直播电商实质上是以触发消费者购买为目标进行场景构建，促进消费者决策方面的改革也很明显[7]。耿琛认为从产业逻辑来看，直播电商本质上是对购物场景的现代化升级，是一场流量池与商品池的重新适配，是依托产业链变革塑造"货找人"的新形态[8]。赵子忠，陈连子则认为，从营销方面来看，直播电商作为一种营销新形态，已经逐渐成为品牌商家的营销标配[9]。

电商直播可以分为"人""货""场"三个核心要素。从"人"的要素来看，电商直播加入KOL角色，并使其成为流量中心，输出专业内容；消费者则由主动搜索商品改为接受主播推荐选品，从"人选货"演变成"货找人"，消费体验感增强，多种需求得以释放；从"场"的要素来看，直播电商的场景主要由平台、直播间组成，用户在直播间直接选品、下单，场景聚焦效应强，营销效果明显，不受时间、地域限制[10]。

当前，电商直播行业正在经历一场转型。商务部电子商务和信息化司发布的《2022年上半年中国网络零售市场发展报告》显示，直播电商行业从流量驱动转为产品驱动，进入以品牌自播、知识主播、技术赋能和定制直播等为特点的发展新阶段[11]。

与传统的电子商务相比，电商直播平台的用户数据并不局限于平台数据，还包含社交网络数据、用户的地理位置等数据。淘宝是国内最大的电商直播平台之一，其用户数据是在日常电子商务运营过程中产生和收集的用户交易、互动和观察数据。海量的数据、互动的传播手段和平台化的传播方式使其成为"信息平台"，在实际的营销体系中，信息平台起到了将数据信息与营销匹配的作用。

15.2.1　电商直播平台用户数据挖掘框架

如图15-1所示，以淘宝为例，电商直播平台的用户数据挖掘框架包括数据源层、数据收集层、数据组织层、数据存储层、数据分析层和数据应用层，其中，数据收集层、数据组织层和数据存储层属于数据预处理过程(数据准备、数据转换和数据提取)[12]。

(1) 数据来源层。用户数据有多种来源，包括用户留在平台上的基本信息、足迹、购买数据、用户在社交网络上发布的各种信息、移动设备数据和供应商。

(2) 数据收集层。在这个过程中，使用Python等大数据收集工具抓取数据，并用于后期的数据分析。

(3) 数据组织层。过滤和转换、关联和分类、捕捉和分析收集的数据。

(4) 数据存储层。顾名思义，数据存储层是存储数据的地方，包括来自不同公司和平台的数据库和数据集。例如User Behavior，阿里巴巴提供的淘宝网用户行为数据集，包含了所有的用户行为数据，用户ID、产品ID、产品类别ID、行为类型、时间戳等，能够研究隐性反馈建议问题。

(5) 数据分析层。这是分析数据和实现数据挖掘模型的阶段，用于创建图形可视化或数据回归分析可视化。

(6) 数据应用层。数据应用层分为三个方面：电商直播平台的数据应用、电商直播平台用户的应用和平台卖家的数据应用。

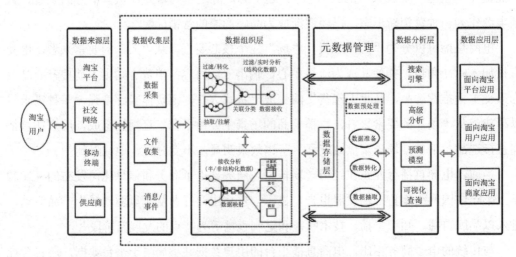

图15-1　淘宝平台用户数据挖掘框架

15.2.2　电商直播平台用户数据挖掘流程

大数据挖掘是一个知识自动发现的过程，从不同数据源中获取数据，对数据进行预处理，并大量使用机器学习与人工智能算法对庞大的观测数据进行挖掘分析，分析各用户群体的特点，进而分析用户个人特点，获得有价值的知识，从而获取商业价值。一般来说，数据挖掘过程包括数据收集、数据准备、数据转换、数据提取、数据挖掘和挖掘应用。淘宝通过实时收集、处理和分析交易数据，帮助金融决策和提供相关产品和金融服务。

数据收集阶段包括分析问题、选择和预处理、创建、测试、处理、存储和评估来自不同"数据库/收集"的数据。数据库的内容包括现有的和潜在的客户，并且可以在任何时候进行扩展和更新。就功能而言，能够确定最合适的目标和潜在客户，并与他们建立长期、牢固的关系，以及根据数据库建立模型，进行有针对性的营销。

淘宝为卖家和买家客户推出了生意参谋和淘宝指数。"生意参谋"是公开的商业数据产品，允许卖家，特别是大品牌更容易在淘宝平台上浏览到详细的行业数据，然后这些数据可以分散到所有的淘宝卖家，使其为客户提供更有价值的产品。淘宝指数是淘宝的官方免费数据共享平台，用户能够看到淘宝的购物数据和购物趋势。它不仅针对淘宝卖家，也针对淘宝买家和第三方用户，是阿里巴巴旗下强大而精准的数据产品。

数据准备、数据转换和数据提取都是数据预处理的一部分，它决定了提取结果的质量，也决定了数据挖掘的成败[13]。因为原始数据含有噪声数据、冗余数据、缺失值等，数据准备过程包括分析、过滤、重建和填补缺失值以提高提取数据的质量，最后经过数据提取以确定相关性和关联性。目前，淘宝用户通过移动设备发生交易行为时会产生非常大量的原始交易数据。分散的、无组织的、没有直接关联的原始交易数据在分布式服务器集群之间被处理为可理解的数据形式，并进一步挖掘。然后，依据不同要求选择不同的提取模型，对数据深入挖掘。得到数据挖掘的结果后，再对其进行解释和运用，以促进商业价值链的最大化。

15.3 新媒体电商直播用户数据挖掘的方法

大多数数据挖掘算法使用一个或多个目标函数和几种搜索方法(如启发式方法、梯度下降法、最大最小法和网络推理法)，在数据集或数据空间中搜索指定距离关系的点或子区域。使用数据挖掘进行数据分析的常见方法有分类分析、聚类分析和关联分析。

1. 分类分析

分类分析是现阶段电子商务平台上较常用的数据挖掘方法之一，即通过对某类用户或某类问题的分类，缩减不必要的工作量，提高人员的运营效率。分类分析不仅能总结记录的数据，还可以根据汇总的数据和趋势预测某些信息的未来发展。

2. 聚类分析

聚类分析是对具有类似特征的数据进行分组和存储，再利用人工智能技术进行进一步分析，并将具有类似使用模式的客户和类似功能的产品等进行汇总。聚类分析经常被用于市场平台层面的电子商务平台的开发，通过分析大量数据，相关工作人员可以对市场需求进行细分，针对每个产品市场细分实施复杂的目标营销技术和策略，最大限度地提高客户的使用率和购买需求，最终实现增加电子商务平台的运营利润的目标。

3. 关联分析

关联分析是指确定数据之间的相关性的统计和分析过程。关联分析以信息处理的高效性和清晰度在电子商务平台和网络营销等实践中被广泛使用。具体来说，通过客户对某一产品的浏览记录的关联分析，平台的人工智能技术可以在用户下次浏览时自动推荐与该产品有一定关联的产品。对于像淘宝这样的大型系统来说，浏览意味着用户对某一产品表现出兴趣，平台会根据该类产品的相似度进行推荐。

15.4 新媒体电商直播用户数据挖掘的应用

对电商直播平台而言,挖掘用户数据可以帮助平台制定更准确有效的营销策略;对用户而言,大数据挖掘让用户享受更及时、更便捷、更个性化的服务;对电商而言,大数据挖掘可以让商家实时了解并快速响应用户的购买动态。

15.4.1 面向电商直播平台的数据挖掘应用

1. 实施精准营销

营销的基本理念是产生需求、管理需求和满足需求。借助互动平台和大数据技术,电商直播平台可以更清晰地了解用户需求。对于电商直播平台来说,挖掘用户数据意味着可以获得更详细的市场信息,更准确地预测用户行为和用户需求。淘宝平台通过收集、处理和加工大量的用户消费行为信息,可以识别特定用户群体或个人的兴趣、消费习惯、消费趋势和消费需求,推断该用户群体或个人的下一步消费行为,并以此为依据进行有针对性的营销,推荐适合该用户群体的直播。与不区分目标用户特征的传统大众营销方式相比,这有助于节省营销成本,提高营销效率,增加平台的价值,便于高黏度消费者的大规模参与,帮助商家获取资源。此外,淘宝平台可以利用数据挖掘有效且低成本地识别高价值用户,将他们与其他普通用户区分开来,并根据他们的特点提供特定的服务。

2. 优化电商直播平台

电子商务公司最重要的数据挖掘和分析来源之一是平台建设。电商直播平台的内容对访问该平台的用户的转换率有直接影响。提取用户页面访问的统计数据,发现用户的访问模式,可以形成优化平台的决策基础。电商直播平台能够按照挖掘出的访客特征与下单规律来设计和修改平台结构和外观,把具有一定支持度和信赖度的相关产品与服务放在一起销售。

淘宝App页面的设计可以吸引访客,根据用户的浏览方式,提供数据库以寻找存储在数据库中的相关信息,并使用数据挖掘技术进行分析。数据挖掘技术在页面设计中的应用主要体现在平台页面的后续维护和设计上,使淘宝平台能够根据用户的具体需求实施相关的页面设计和页面改进,设计出适合用户浏览习惯的页面。

在淘宝直播页面中,最下方分为"直播精选""品牌好货""直播商城""新奇发现"以及中间的"双11许愿池",该板块根据不同的时间节点而变换内容。此外,根据用户喜爱偏好打造的"双11许愿池",以用户向带货主播许愿的形式,记录下用户最想购买的产品,既激发了用户的购买欲望,吸引他们观看直播,又为产品的营销蓄势。

3. 稳定用户关系

数据挖掘技术在网络营销中的最终作用，是实现通过数据分析得到准确的消费习惯以及消费需求，从而达到一对一营销的目的[14]。通过使用数据挖掘技术存储和分析数据，了解消费者的习惯和需求，平台可以利用这些数据对客户进行分类，提供更准确的服务，最终提高用户满意度，优化用户关系。

数据挖掘技术还可以帮助电商直播平台对用户数据进行建模，并使用统计数据进行分析，从而分析不同用户之间的数据，找到用户数据的相关性，更好地针对类似用户提供服务，提供他们需要的产品。

通过挖掘用户数据和分析用户行为，平台可以发现、锁定和留存用户。这些分析包括用户细分、背景和兴趣分析、交叉销售和客户流失分析。用户行为分析使平台能够识别潜在的消费者，根据他们的行为特征锁定目标，提供个性化服务，并吸引高黏性的用户。来自社交网络的用户数据可以非常有效地预测用户流失并提出销售建议。例如，用户得知自己关注的朋友在某电商直播平台上购买了产品并给予好评后，就更有可能关注该电商直播平台及其服务，从而帮助该平台识别并更好地锁定潜在客户。

4. 提供增值服务

在数据挖掘改变了整个营销系统的基础并提高其准确性的同时，一个新的盈利模式出现了。这种盈利模式的一个重要表现是，数据已经可以直接转化为产品。在互联网中，用户在不同的信息平台上留下了大量的数据，平台可以利用大数据处理技术以不同的方式对这些数据进行分类和重构。这种汇总的数据具有很高的商业价值。

在对淘宝所掌握的大量用户数据进行挖掘后，用户行为数据可以被整合到一个更全面的用户行为数据库中，为商业产品提供用户行为数据，为数据服务提供收入来源。例如，淘宝在收集和储存了大量的交易数据后，建立了自己的云存储系统Ocean Base，实现数据的产品化，从而实现从交易平台到"生态圈"基础服务提供商的角色转变。目前，淘宝通过专业的海量数据挖掘为商家形成了多项数据产品。

另外，平台还可以开展其他企业因缺乏数据而难以涉足的新业务，如消费信贷、企业或商家的小额贷款等，阿里集团面向其平台商家提供的小额信贷服务就是基于海量客户数据挖掘的增值应用[15]。

5. 欺诈分析和预防

电商直播平台可以使用数据挖掘技术，利用神经网络算法对有欺诈行为的商家进行分析和建模，分析用户评论数据和用户交易数据，以评估商家的欺诈趋势，并使用孤立点分析技术来识别其他商户群体，挖掘异常数据，支持平台上的风险欺诈管理。在欺诈行为很少的情况下,平台可以对以前评估的欺诈行为进行重新评估,避免错误,并进一步提高评估的准确性。

15.4.2 面向用户的数据挖掘应用

1. 个性化推荐

用户数据挖掘结果可以由电商直播平台作为一种服务提供给用户,为用户快速筛选和推荐符合其兴趣和需求的产品,以支持用户的消费决策。这也使得电商直播平台能够利用数据与用户互动,形成用户与平台互动的新模式,大大增加用户忠诚度。

作为对用户实现个性化服务的关键,个性化推荐根据用户的兴趣特点和购买行为向用户推荐其感兴趣的信息和商品[16]。淘宝用户数据挖掘的结果可用于提供基于用户关联的个性化推荐、基于内容特质的个性化推荐和基于协同过滤的个性化推荐,如图15-2所示。

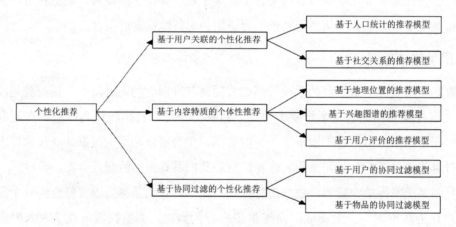

图15-2 基于用户数据挖掘的个性化推荐

2. 满足用户需求

有针对性的营销策划对电商直播平台来说至关重要,而通过数据挖掘技术进行的数据分析是营销策划的重要数据来源。根据这些数据分析,企业可以制定客户所需的营销计划,确定客户需求点,分析如何让用户根据需求点购买相关产品和服务,并调整平台初步的营销和市场开发策略。

15.4.3 面向电商的数据挖掘应用

1. 广告精准投放

挖掘电商直播平台操作数据,了解不同消费行为的关键节点,可以为商家的网络广告策略提供借鉴，使他们能够有针对性地进行个性化的广告宣传。基于用户数据，淘宝利用数据挖掘产生的概率知识库和模糊知识库，对实时在线数据进行概率分析，通过对广告访问者潜在的信息特征进行准确分类，以确定谁是商家的实际客户，并确定客户反映率以及确定下一个广告的渠道和时间；或针对特定的客户群，对特定类型客户群体的广告进行聚类分析，一旦收集到一定数量的数据，就可以利用数据挖掘来精确计算商家广告中每个关键词的生产力，并优化广告内容。例如，在"双十一"购物节等重要时间节点，淘宝会针对有需求的用户，通过在直播页面添加与之相关的特殊直播活动和折扣来加强广告。

2. 产品和服务管理

数据挖掘技术通过关联规则使营销策划更有针对性。营销策划是推广产品并抢占市场份额的重要方式之一，而数据挖掘技术能够帮助平台对用户在网页上的关联性进行挖掘，挖掘这些用户无意识的行为背后的潜在逻辑性，并且通过相关的运算系统对这些逻辑性想要表达出来的用户真正的需求进行展示，帮助平台制定相关的营销策划。以淘宝为例，其数据挖掘技术能分析和研究用户浏览产品的需求，创建相关的统计报告，并呈现给公司的销售和营销人员，制定以消费者为中心的数据营销策略，以支持相关产品和服务的销售。一方面，用户数据挖掘为商家提供精准营销实施的最佳方案，及时响应用户需求，促使订单生成；另一方面，用户数据挖掘可以帮助商家优化决策流程，使商家库存和价格自动微调，以实时响应电商直播平台上的销售情况，增加其产品或服务流转。数据挖掘技术可以识别市场需求和消费群体，帮助相关工作人员确定用户消费模式，在平台发展规划和电商营销工具的创建中提供数据支持。

总体而言，新媒体的环境、共创性的信息平台和大数据处理技术正在逐渐取代传统的数据分析工具，新的技术系统能够收集、储存、管理、分析、挖掘和使用大量的数据。大数据技术使收集和挖掘海量的、实时更新的、可互动沟通的受众数据成为可能，受众的互动性、参与性和主动性也为这些数据注入了活力。电商直播平台的用户数据所蕴含的价值越来越容易被挖掘出来。大数据技术的使用无疑将成为电商直播平台发展的重中之重，也将带来巨大的商业价值。

参考文献

[1] 吴子红. 计算机软件技术在大数据时代的应用[J]. 中小企业管理与科技(下旬刊), 2014(3): 308-309.

[2] 刘颖. 浅谈大数据背景下数据挖掘技术应用的改进[J]. 科技与创新, 2022(18): 176-178.

[3] 牛佳惠. 数据挖掘在人力资源信息化管理中的运用探析[J]. 数字通信世界，2022(3)：94-96.

[4] 袁澍清，王刚. 区块链技术与数据挖掘技术对数字经济发展的推动作用研究[J]. 西安财经大学学报，2022，35(4)：54-64.

[5] 何清. 大数据与云计算[J]. 科技促进发展，2014(1)：35-40.

[6] 刘芬. 数据挖掘在中国的现状和发展研究[J]. 山东工业技术，2018(17)：123.

[7] 牛泽坤，隗樊. "带货"的逻辑：直播电商产业链研究报告[R]. 亿欧智库，2020.

[8] 耿琛. 直播电商：一场流量池与商品池的重新适配[R]. 北京：华创证券研究所，2020.

[9] 赵子忠，陈连子. 直播电商的传播理论、发展现状、产业结构及反思[J]. 中国广播，2020(9)：11-18.

[10] 钟涛. 直播电商的发展要素、动力及成长持续性分析[J]. 商业经济研究，2020(18)：85-88

[11] 李贞. 直播电商迎来持续稳健发展时期[N]. 人民日报海外版，2022-10-12(008).

[12] 徐国虎，孙凌，许芳. 基于大数据的线上线下电商用户数据挖掘研究[J]. 中南民族大学学报(自然科学版)，2013，32(2)：100-105.

[13] Franks B. 驾驭大数据[M]. 黄海，车皓阳，王悦，译.北京：人民邮电出版社，2013：101-125.

[14] 黄升民，刘珊. "大数据"背景下营销体系的解构与重构[J]. 现代传播(中国传媒大学学报)，2012，34(11)：13-20.

[15] 徐国虎，孙凌，许芳. 基于大数据的线上线下电商用户数据挖掘研究[J]. 中南民族大学学报(自然科学版)，2013，32(2)：100-105.

[16] Linden G，Smith B，York J，Amazon recommendations：item-to-item collaborative filtering[J]. IEEE.Internet Computing，2009，7(1)：76-80.

第16章 新媒体精准营销与用户隐私

企业希望利用新媒体技术和平台抓取用户相关信息进行分析,并据此精准向客户推荐其意图购买的产品信息。但频繁发生的社交媒体用户隐私泄露事件,影响了用户隐私披露意愿。

16.1 精准营销引发的隐私担忧

1. 隐私引发"无感伤害",平台打隐私政策擦边球

电商平台在绝大多数互联网公民面临隐私困扰时往往可以置身事外,利用所谓的"隐私政策"打法律擦边球。市面上许多有规模的商业类网站、App、软件服务等,都会在启动页面向使用者抛出冗长复杂的"隐私政策"。从感官上看,这些"隐私政策"虽然看似保障了用户的隐私权,但几乎都被置于不起眼的位置,以狭小的字体和繁复的叙述躲避消费者的目光,用隐私权让渡使用权。细读这些条款的内容,格式性、强制性使用隐私信息的条款被普遍设置。须知公平是隐私政策应有的设置前提,但"显失公平"却不幸成为"隐私政策"设置的客观现实。有学者在《中华人民共和国网络安全法》颁布半个月后,选取我国500家网站作为样本,对其信息保护水平进行研究。研究显示,从隐私政策的可见性看:"四类含有隐私声明的网站中,社会组织类网站'主页有隐私政策声明'的比例最高,占58%;其次为政府类网站,占55%;商业类网站占比最低,仅为45%。统计范围内的教育类网站中,仅有两个网站具有隐私政策声明,在主页显示隐私政策的教育类网站仅一个。敏感网站在主页显示隐私声明的比例仅为52%。"研究者还发现:"不少网站都发布了隐私政策,但现实中并没有采取技术手段或其他必要措施兑现其信息保护承诺。"[1]可惜拥有隐私权的公民对潜在的和已发生的伤害均无感,仍然使用着消费、留存隐私信息的平台,而这些平台也心安理得地整合信息,售卖隐私,持续着对用户的无感伤害。

在现实中,这也导致用户出现两种相互矛盾的隐私态度。一方面,用户因数据算法造成的隐私暴露而担忧,形成了越来越显著的隐私关注;另一方面,用户认为在算法环境下隐私被使用已成定局,且用户认为平台提供的隐私保护条例难以理解,因而产生隐私疲劳的态度[2]。隐私疲劳表现了网络用户对隐私问题的一种倦怠感,这种疲劳是由

网络隐私保护的复杂性和对数据泄露风险的低估带来的，会降低用户对隐私问题的关注。"[3]用户难以摆脱平台背后算法技术所提供的服务，这也折射出强势平台与弱势用户的矛盾。

2. 用户：高度隐私关注度下的隐私披露行为

研究发现，用户存在隐私关注度与行为度上的矛盾，即用户虽然重视算法背后的个人隐私安全问题，同时也乐于在网络平台主动披露隐私相关信息，学者们将这种相互矛盾的现象称为"隐私悖论"[4]。在中国青年报社社会调查中心的调查中显示，75.3%的受访者曾被算法推荐服务困扰过；《中国大安全感知报告(2021)》也指出，有69%的受访者感到算法能获取自己的喜好、兴趣从而投其所好。近年来，媒体频频曝出互联网平台窃取用户隐私，并结合算法技术对用户进行深入分析甚至隐私窥探的新闻，这引起了多数用户对隐私保护的重视。大数据时代，用户个人隐私的保护意识不断加强。尽管如此，用户并没有在行为上更加注重保护隐私，反而在行为上呈现隐私披露的趋势——尤其在年轻用户群体中，不少人愿意以披露隐私来换取互联网平台的个性化服务。从内容需求的角度出发，用户会透露个人的隐私数据来"喂养"算法，自愿开启平台基于算法推荐的个性化服务，允许算法跟踪分析自己的使用痕迹，进一步优化系统推送的个性化内容，甚至主动提供自己的用户画像标签或者浏览偏好，主动点击"不喜欢此内容"等，主动接受算法以及其背后隐藏的隐私泄露风险，以此优化算法的推荐准确度，即"算法受众还会将自己的谋略主动嵌入算法规则"[5]。

3. 平台：立足于精准营销创收，更要承担起对用户群体的隐私保护责任

精准的营销效果弥补了传统营销效果的不足，以往的营销往往只能根据媒体的属性，通过购买传统媒体上的广告位，填充广告信息，以此来触达目标受众。算法以互联网平台作为载体，渗透到营销的每一个环节之中，让平台实现了营销方式的转变以及营销效果的突破。它通过平台收集到海量用户数据，搭建模型分析并向不同的用户分发个性化的广告内容，使得平台上广告位的内容可以自动精准匹配到真正的目标用户。精准营销的实现吸引了广告主，广告位售卖方式上也由"一位一客户"变成了"一位n客户"，精准营销下的程序化广告与智能广告模式也为平台节省了大量的人力与时间成本，创造了更多合作与变现的空间。但这背后算法的"信息处理、承载和利用方式也引发了隐私风险和数据不当使用的伦理风险"[6]。因此，平台在利用大规模用户数据进行精准营销的同时，需要承担一定责任。"互联网企业掌握了更多的个人隐私信息，相应地，个人敏感度和感知风险相对更高，就需要有更多个人的信任需求，根据权责对等原则，要求企业承担更多的责任"[7]。可见，互联网平台在算法时代的隐私保护中，所面临的一大矛盾困境就是要承担起对每个用户个体的隐私保护责任，平衡好精准营销与平

台、责任两者的关系。如何在谋取商业发展的同时，承担起对用户群体的隐私保护责任，也成为平台可持续发展道路上亟待解决的重要问题。

4. 社会：数据围墙弄巧成拙，用户信息零散化分布

数据围墙指的是各大互联网平台为了保护平台利益，建立起用户数据的技术屏障，防止用户的数据信息流入其他平台，被其他平台商业化利用。而实际上，数据围墙的设立并没有改善用户隐私保护的困境问题，反而使用户的多类信息都零散化地分布在各个平台上，加大了用户、平台与社会进行信息隐私保护的难度。

从目前的行业趋势来看，互联网平台之间筑起的数据围墙越来越高，用户的海量数据被多方平台叠合化地储存与使用，呈现零散化特征。在这种情况下，受平台数据壁垒的影响，每当用户在使用平台提供的服务的时候，都要再提供一次个人相关数据，隐私信息也就更零散化地泛滥在互联网平台上。对用户来说，这在带来不便的同时，也增加了自我隐私信息管理的难度；对于平台来说，多平台之间筑起的数据围墙加剧了平台对用户隐私保护工作的管理风险与被动程度，原因在于即使某一方平台自身做好了隐私保护的工作，但只要其他平台使用数据不当，用户的隐私还是同样会被泄露出去，整体难以管控。当隐私数据管理不善时，就会引发两个问题：一是对于应当承担责任的主体平台难以追溯，二是平台对隐私保护所做的实践努力难以准确衡量，每个平台对隐私数据管理的风险都会扩大。对社会而言，各个平台纷纷建立起数据围墙，社会从外部对平台进行监管的阻力就更大，而且不同的数据围墙也意味着各平台的隐私保护水平参差不齐，它们之间无法达成一致的保护措施，这也使得社会难以进行统一化的高效监管。

16.2 精准营销下的隐私保护

1. 电子商务消费者的自我保护

电子商务消费者如若能够掌握一些基础的保护个人信息的方法，就能够大大减少个人信息被非法收集利用的可能性，从源头来保护用户隐私。"消费者的自我保护模式应当是自我控制、自我选择和自我防卫的综合体系"[8]。自我控制，就是从技术层面加强消费者对个人信息的控制，如在使用浏览器进行信息检索时，在设置高级选项中对Cookies文件的删除与禁用，在卸载软件时勾选删除账户信息等。自我选择，就是在使用各个软件时，主动地去关注研究各个软件对用户信息的隐私保护措施，包含其收集的信息内容种类、收集信息的方式与权限范围、收集信息的目的、是否提供隐私信息泄露之后对用户的赔偿与保障。据此，在不同的信息隐私保护可能性之间做出完全自主的选择。自我防卫，就是用法律手段保护自己的合法权益。电子商务消费者自我保护个人信息的方法有很多，比如尽可能地将个人信息与网络隔离，谨慎上传含有个人信息的文件；在传输个人信息的情境下使用加密技术；在计算机中安装防火墙，防止病毒入侵盗取个人信息文件；建立隐私意识，提高自己的媒介素养。

2. 从电子商务行业自律的角度进行保护

2004年12月12日，在国务院相关部门和单位的支持帮助下，中国电子商务诚信联盟成立。该行业联盟的宗旨是，通过成立权威的、被官方认可的第三方平台加强我国在电子商务行业信用体系的系统建设，在保证消费者权益受到保护的同时，使群众对电子商务的安全性、可靠性进一步认可，为电子商务未来的健康有序合理发展奠定坚实基础。该行业联盟发布的行业公约《中国电子商务诚信公约》有两条是关于消费者隐私保护的。

3. 从立法的角度进行保护

新技术的发展与兴起除了带给人们生活上的便捷之外，也带来了巨大的隐私隐患。随着信息化建设的不断加快，个人信息保护已成为必须解决的重大课题。

首先，要在法律上将个人隐私保护的针对条例确定下来，将个人隐私作为单独的人格权确立下来。在隐私与人格尊严密不可分的情况下，目前尊严仍未在我国宪法内被判定为基本人权，隐私权目前仅仅只能从民法的层面上受到保护。所以，在现有民法的基础上，我国相关立法部门应该将对隐私、隐私权、隐私权的被保护范围进行更为清晰的判定，隐私权应被限定为对私人信息、私人活动、私人领域三个方面的保护。现行相关条例中，隐私权往往与名誉权放在一起讨论，然而在现在这个大数据营销时代，个人隐私信息保护有必要单独进行讨论，将隐私权与名誉权分开，采用更为垂直的保护方式。其次，明确侵害隐私权的行为方式，包括侵害他人隐私信息、侵扰私人活动、滥用他人信息获得不当牟利等；明确侵犯他人隐私权后应承担的后果，包括但不限于经济赔偿；通过对隐私权的保护，包含个人隐私内容的个人信息在很大程度上也可以得到保护。

4. 平台间互相扶持

基于大数据的信息安全技术的发展与信息安全日渐被关注的趋势，未来市面上将会出现多种多样并生态健全的信息安全保护服务。此类技术以大数据分析为基础，因此如何收集、存储和管理大数据就是相关企业或组织所面临的核心问题。除了极少数企业能够达成此目标，对于大部分涉及个人信息安全的企业来说，更为实际的选择则是通过某种方式获得大数据的服务。未来的发展趋势将是以大数据服务为基础，各企业之间相互依赖制成信息安全服务系统，培养信息安全产业界的良性氛围。

参考文献

[1] 朱颖. 我国移动App隐私保护政策研究：基于96个移动应用App的分析[J]. 暨南学报(哲学社会科学版)，2017，39(12)：107-114.

[2] Jensen C，Potts C，Jensen C. Privacy practices of Internet users：Self-reports versus observed behavior [J]. International Journal of Human - Computer Studies，2005，63(2)：203-227.

[3] 张萌. 从规训到控制：算法社会的技术幽灵与底层战术[J]. 国际新闻界，2022，44(1)：21.

[4] 姜凌，王志华，杨国亮. 网络情境下消费者个人信息表露的影响机制研究：基于隐私疲劳的理论视角[J]. 企业经济，2020，39(9)：80-87.

[5] 许一明，李贺，余璐. 隐私保护自我效能对社交网络用户隐私行为的影响研究[J]. 图书情报工作，2019，63(17)：128-136.

[6] 邵国松，薛凡伟，郑一媛，等. 我国网站个人信息保护水平研究：基于《网络安全法》对我国500家网站的实证分析[J]. 新闻记者. 2018，(3)：55-65.

[7] 李鹏翔，武阳. 模糊的边界：算法传播中隐私边界的内涵、衍变及其规制[J]. 新闻与写作，2022(1)：22-29.

[8] 赵付春. 大数据环境下用户隐私保护和信任构建[J]. 探索与争鸣，2017(12)：97-100.

第17章　新媒体营销与媒介素养

随着媒介技术的快速发展与普及，信息的传播方式发生了改变，对人们的媒介素养也有着新的要求。同时，用户媒介素养的差异也会影响着新媒体营销的传播效果，因此品牌主或广告商在制定新媒体营销方案时不可忽视用户媒介素养这一重要因素。本章通过对用户媒介素养的理论研究以及对新媒体营销案例的分析，为品牌主或广告商针对用户媒介素养开展新媒体营销提供了精准的策略与方案。

17.1　用户媒介素养概述

17.1.1　用户媒介素养的概念

媒介素养理论起源于20世纪30年代的英国，起初其以免疫式(又名保护主义)的观点来教育受众免受虚假不良信息的欺骗。随着科学技术的进步，以电视、广播等为代表的电力媒介兴起，媒介素养开始强调对媒介中海量信息的批判性接收与思考能力。而到了互联网引领的数字时代和新媒体时代，对媒介素养的要求愈加广泛，不仅要求受众有对信息获取、辨别和思考的能力，还涉及对信息的加工和再创造。虚拟世界与现实世界的进一步融合也扩充了媒介素养的要求。

对媒介素养一词的定义有很多，其核心可以拆分成三个层次：第一层关乎媒介本身的类型，所谓的媒介是印刷、广播和电视这样的传统媒介还是网络这样的新媒介；第二层在于何为素养，是更关注媒介技能的培养还是关注媒介价值观的构建；第三层则是媒介素养的目的，在于提高自身对媒介信息的处理还是提升对信息的理解能力。

如今学界广泛认同的媒介素养定义为美国媒介素养研究中心结论，"指人们面对媒介的各种信息的选择能力、理解能力、质疑能力、评估能力、思辨性应变能力以及创造和制作媒介信息的能力。"[1]

有研究认为，媒介素养的主要内容可以分为两个维度。从媒介消费和生产维度来看，消费者媒介素养指个人接收信息和使用信息的熟练程度，生产者媒介素养指个人除消费技能之外还需要有生产媒介内容的能力[2]。从媒介利用维度来看，媒介素养分为功能型和批判型，功能型的媒介素养包括媒介消费时接收信息、理解信息以及媒介生产时掌握媒介工具来生产和创造内容；批判型的媒介素养包括分析、评价和批评媒介，更涵盖了解媒介内容的文本意义和社会意义、媒介生产者的目的及传受双方的权力地位。

大卫•帕金翰等学者用三层维度来描述媒介素养：第一层是基础能力，即对媒介工具的掌握与对信息获取的能力；第二层是思维能力，即对信息的辨别、思考和价值观判断能力；第三层是创造能力，即共享、生产信息内容并传播的能力[3]。新媒体环境下，基于以上三个维度的媒介素养会有不同方面的展现。就基础能力而言，包括能否掌握常用的媒介工具，如手机、电脑等，能否通过不同的媒介渠道来进行信息检索，是否能与时俱进地学习新技术，提高信息获取能力。就思维能力而言，要求用户能够通过内容和标题来判断信息的可信度，评估信息可能对他人和社会产生的影响，以及思考信息发布者的潜在目的和意识。就创造能力而言，对用户的内容及信息生产能力、转发和互动的能力提出了要求。除了上述三维度之外，日益恶化的舆论环境也为用户的媒介素养提出了新的网络道德要求。

17.1.2 用户媒介素养的特点

对媒介素养展开研究，首先要了解公众媒介素养的状况。我国相关研究起步较晚，针对公众整体媒介素养相关调查研究较少。周葆华、陆晔针对受众媒介信息处理能力，通过在全国4个主要城市开展随机抽样问卷调查，发现当时我国公众媒介信息处理能力处于中等偏弱水平，不同群体间差异明显[4]。随着移动互联技术的发展进步，公众接入网络比例逐年提高，我国网民数量不断增多，学界对网络媒介素养、新媒体媒介素养也越发关注，相关组织陆续开展网络受众媒介素养调查。2015年，凯迪数据研究中心发布《中国网民网络媒介素养调查报告》，针对网民新媒体使用、批判型理解、新媒体沟通三个维度进行调查，发现中国网民媒介素养处于中等水平，女性媒介素养整体优于男性、二三线城市网民素养高于一线城市等[5]。由于我国地域间经济、教育等方面发展不平衡，加之媒介素养衡量指标多、涉及范围广等，无论是针对部分城市发放问卷还是通过网络开展调查都无法全面准确地衡量我国公众媒介素养，因此学者转向对特定群体开展媒介素养调查，通过问卷等形式了解群体媒介技术、媒介接触、媒介使用、媒介生产等信息，从而研判群体媒介素养，我国青少年、大学生、老年人三个群体是学者集中研究的对象。

1. 青少年媒介素养

我国早期青少年媒介素养调查从媒介接触、媒介使用、信息识别、媒介素养教育等方面开展，如岳琳等在陕南地区、孟磊在西安地区开展调查，均发现调查对象媒介素养整体水平较低[6][7]。《2020年全国青少年互联网使用情况研究报告》显示，2020年我国青少年网民规模达到1.83亿人、青少年互联网普及率达到94.9%[8]。互联网已成为青少年的优先选择媒介，同时网络技术下虚拟社群关系与文化碰撞极大影响了他们的价值观塑造，因而青少年网络媒介素养是其个人素养的重要部分。近年相关研究也侧重于网络新媒体角度，如王潇等基于深圳某中学对网络媒介使用、认知、参与、素养教育四个方面开展调查[9]，温凤鸣针对农村青少年群体手机使用开展媒介素养调查[10]。中国网络社会组织联合会发布《青少年网络保护现状研究报告》显示，我国青少年网络素养总体水平处于及格线以上，在网络规范、网络安全上得分较高，但是在网络技能和网络学习素养上有待提高[11]。

2. 大学生媒介素养

在对媒介的掌握能力与信息获取方面，大学生广泛接触媒介，具备基础的媒介应用能力和信息检索能力；在对媒介内容真实性的判断上，学者贺立凯通过问卷调查了386名在校大学生，当询问受访者是否怀疑媒介所提供的内容的真实性时，大部分受访者表示不会绝对相信其真实性，常保持怀疑的态度，有较高的独立判断能力[12]。半数的受访者愿意关注问题但并不会主动深究，而近四成的受访者愿意主动通过多种媒体来证实有关内容。由此可以得出，大学生群体对信息真实性判断和求证程度较高；闫欣洁研究新媒体语境下的大学生媒介素养教育中显示，20.1%的大学生认为媒介对自己学习和生活方面提供了帮助并表示愿意在媒介平台发布评论[13]。相较于其他年龄段的群体，大学生群体对信息的整合与生产能力相对较高，但也只处于及格水平，总体上仍需提高。

3. 老年人媒介素养

第50次《中国互联网络发展状况统计报告》显示，截至2022年6月，我国50岁以上的网民规模占总体网民规模的25.8%，老年群体与其他群体共享信息化发展成果，能独立完成出示健康码和行程卡、购买生活用品和查找信息等网络活动的老年网民比例已分别达69.7%、52.1%和46.2%[14]。但是学者张一丹认为老年群体在使用新媒体上还是存在一定的数字鸿沟问题。一方面是因为老年人的学习能力跟不上新媒体的更新迭代，另一方面是因为新媒体平台的适老设计以及适老内容资源不足，新媒体平台相对开放的信息空间缺少内容的引导，这与老年人所习惯的单线获取信息模式不同，导致老年群体信息获取的能力依旧较弱[15]；学者端文慧等认为老年群体的媒介信息分辨能力与批判能力较弱。在分辨内容的方法上，老年用户往往是基于社会经验与生活常识去判断信息的真伪，而非通过正规渠道和科学方法进行内容的验证；不断扩充的海量媒介信息使老年群体寻找真实信息的难度加大；作为被动接受信息的角色，缺少主动进行内容生产的能力[16]。

17.2 新媒体营销与用户媒介素养结合案例

1. 青少年案例

针对青少年群体的媒介素养特点，广告商需注意在营销时多用生动清晰的图片描绘替代长段单调的文字描述，通过创建印象深刻的IP形象来提高用户黏性，并在营销时注意对青少年价值观的建设，用呵护身心发展的营销模式让家长们更加安心，提高家长和青少年对品牌的满意度与认可度，这样才能达到良好的营销效果。

迪士尼是一个具有众多经典IP形象的动画品牌，深受全世界孩子们的喜爱。针对青少年这一群体，迪士尼在线为儿童开设了社区型平台Disney.com，其界面多以图片为主，具有强大的视觉冲击力，容易引起孩子们的兴趣。此外，迪士尼开设了中国官网——迪士尼中国，并开设了迪士尼英语学习板块，让消费者在学习英语的同时加深对迪士尼动画电影人物的印象，能够身临其境地体验经典动画情节，从而深化对迪士尼动画的喜爱。

虽然青少年是迪士尼的主要消费者，但家长才是真正的付费者，抓住青少年与家长的联系，才能真正提升营销效果。青少年媒介素养整体偏低，对信息内容的辨别能力较弱，他们的价值观相较成年人更容易受到媒体平台内容的影响。针对这样的现象，迪士尼专门开设了家庭性网站——Disney Family network，以提供影视讯息以及育儿类服务资讯，并在网站上推出每日营养菜单，把食物做成米老鼠、雪宝等经典迪士尼人物形象，通过这种方式鼓励孩子们每天均衡饮食。迪士尼英国首席营销官说："有的时候我们会发现，用这些卡通人物向孩子们传递一些信息，可能会比大人们的说教更加有效。"迪士尼将自己的IP形象融入各类育儿资讯、儿童学习视频中，这样不仅让家长放心，还传递自己品牌的价值观，充分提升了青少年群体与品牌的黏性。

2. 大学生营销案例

大学生群体媒介接触广泛，具备基础的媒介应用能力和信息检索能力，相较于其他年龄段群体能够更高效地生产媒介内容，进而二次传播。因此针对这一群体的新媒体营销可以着重于互动营销。例如，通过与大学生这一充满朝气的群体的互动，了解大学生的诉求与对产品的期待，帮助品牌保持年轻化的特征；又如，通过鼓励大学生群体对品牌进行二次传播，拓宽品牌广告的覆盖面，而大学生的一些创意性广告传播，也能够反哺品牌价值的塑造。

"七度空间"是恒安集团面向年轻女性推出的少女系列卫生巾品牌，"七度空间"是中国大学生广告艺术节的"老朋友"。大学生的参赛作品让"七度空间"收获了大量的广告创意，也在大学生群体中扩大了品牌的知名度。通过学院奖平台，"七度空间"

与大学生群体接触、沟通，让大学生了解品牌，品牌也更熟知大学生。

3. 老年人营销案例

老年人在新媒体使用上存在一定的数字鸿沟，他们学习新媒体技术所需时间长且对于最早接触的技术与平台有很强的依赖性，这就要求品牌方在产品迭代中充分考虑适老化问题，在营销中瞄准老年人聚集的平台开展活动。叮咚买菜是一款生鲜零售电商平台，在中老年人内容平台——美篇上投放信息流广告。美篇App是定位于"不惑"后表达自我、结交同好、学习提升的内容社区，在页面设计上充分体现了适老化元素，包括简洁的页面菜单，加粗加大的标题等。叮咚买菜的广告投放同样采取了适老化的策略，食材图片的放大处理和"买东西不用出门"等直白的文案瞄准老年人买菜的需求，提高品牌曝光的同时引导老年用户下载App。

另外，老年人习惯于从传统媒体信息的单方面传播与熟人社会的人际交流中获取信息，在新媒体使用中常缺乏主动获取信息的能力，其信息检索、收集能力同样较弱，常在算法控制下被推送相对同质化的内容信息。这一特征告诉品牌方，在针对老年人开展新媒体营销时应当提高产品的曝光度，打通线上线下双渠道，让产品深入社区，利用社群和口碑从点到面提高知名度，进而反哺电商平台销售。

17.3　新媒体营销对媒介素养的新要求

网络媒体平台信息海量性、信息定制推送技术的升级、垂直内容平台的建立……种种因素都证明着新媒体环境中分众化时代的到来。充分调查目标群体的媒介素养能够帮助品牌主或广告商制定出优秀营销方案，但与此同时也产生了一个关键问题，即如何利用用户媒介素养进行针对性营销，这对品牌主和广告商提出了新的挑战和责任。

1. 用户媒介素养

有效制定新媒体营销方案需要考虑目标用户的媒介素养情况。品牌主或广告商洞察目标群体媒介素养主要从三个方面展开：一是目标用户群体基础的媒介技术相关情况，包含接入设备偏好、信息检索能力与偏好、媒介技术学习能力等。通过考察可以对营销活动设置的平台和方式提出预设，如针对老年人手机使用的偏好与被动获取信息的特征，在老年人聚集的App以软文形式进行推广。二是目标用户群体的媒介思维能力，包含信息接受和理解程度、信息辨别判断能力、传播者意图预测能力等。在这方面加以考虑有助于营销活动和广告内容的针对性策划，如对于信息理解能力和分辨能力较弱的青少年，可以采用动画及情感沟通的方式进行营销。三是目标用户群体的媒介互动与创造能力，包括媒介信息的反馈和分享行为，媒介信息的加工再传播能力等。高媒介互动能力的用户是品牌主潜在的"移动广告",品牌可从再传播中获得多重曝光。通过对用户媒介互动能力的考察能够帮助确定营销策略,如大学生群体偏好在抖音等短视频平台上模仿拍摄,品牌方可通过话题设置、视频挑战等方式开展病毒营销,扩大知名度。

从使用与满足理论来看,同类媒介素养的群体具有相似的媒介使用动机与媒介需求,通过对目标用户群体媒介素养的洞察,品牌方或广告商投其所好、对症下药,制定合理有效的营销方案满足用户需求,达到推广效果。

2. 品牌方和广告商媒介素养

媒介素养为新媒体营销提供了分众化的新视角,同时也为品牌方和广告商提出了道德上的新要求。由于不同用户群体间媒介素养呈现差异化的特征,部分用户在技术使用、信息辨别等方面素养较低,难以准确获取真实信息,容易掉入营销圈套,造成一定损失。品牌方和广告商在营销活动策划中如何针对用户媒介素养进一步提升道德自律,主要体现为以下两个方面。

一是信息的真实性处理。广告中的产品信息常在特定环境中通过夸张、抽象、想象等表现手法加工处理,用户接收信息时也需要在脑中还原信息原貌。部分信息处理与辨别能力较弱的用户难以还原信息,造成对产品了解的失真,让广告在信息上产生了一定程度的欺诈。因而针对不同媒介素养的用户群体,品牌方营销活动的设置需要充分考虑用户信息接受辨别能力,在真实性处理上多加考虑。

二是信息的适应化设计。不同媒介素养的用户群体对信息形式的接受程度不同,为了用户能更好、更容易接受信息,提高媒介使用体验,品牌方需要充分考虑其适应化设计,例如针对青少年的萌化处理,针对老年人的放大化、直白化处理等。

整体而言,新媒体营销想要达到预期的传播效果,用户媒介素养是不可忽略的一个重要影响因素。针对目标消费人群媒介素养的特征,精准制定与之相适应的新媒体营销策略,有助于提升用户对品牌的忠诚度与满意度,实现品牌营销的传播效果。同时,作为广告商不应利用用户媒介素养中的漏洞进行圈套式营销,应当引导、教育消费者提升自身的媒介素养。

参考文献

[1] 张玲. 媒介素养教育:一个亟待研究与发展的领域[J]. 现代传播,2004(4):101-102.

[2] DT Chen, J Wu, YM Wang. Unpacking new media literacy[J]. Journal of Systemics, Cybernetics and Informatics, 2011, 9(2), 84-88.

[3] 李金城. 媒介素养测量量表的编制与科学检验[J]. 电化教育研究,2017,

38(05)：20-27.

[4] 周葆华，陆晔. 受众的媒介信息处理能力：中国公众媒介素养状况调查报告之一[J]. 新闻记者，2008(04)：60-63.

[5] 南方都市报. 中国网民素养调查出炉，来看你及格了吗[EB/OL]. (2015-12-19)[2022-10-23]. https://static.nfapp.southcn.com/content/201512/19/c26852.shtml.

[6] 岳琳，黄丹，陈记，等. 陕南地区青少年媒介素养现状调查[J]. 新闻爱好者(理论版)，2008(11)：104-105.

[7] 孟磊. 西安地区青少年媒介素养的调查现状与分析[J]. 新闻知识，2010(2)：51-53.

[8] 共青团中央维护青少年权益部，中国互联网络信息中心. 2020年全国青少年互联网使用情况研究报告[EB/OL]. (2021-07)[2022-10-23]. https://pic.cyol.com/img/20210720/img_960114c132531c521023e29b6c223e438461.pdf.

[9] 王潇，杨梨. 初中生网络媒介素养及教育现状研究：基于深圳市某中学的调查[J]. 少年儿童研究，2021(12)：28-35.

[10] 温凤鸣. 农村青少年手机媒介素养刍议：基于高安石脑中学的调查[J]. 传播与版权，2017(10)：113-114.

[11] 中国网络社会组织联合会. 青少年网络保护现状研究报告[EB/OL]. (2022-06-20)[2022-10-23]. https://wxb.xzdw.gov.cn/qwfb/zyjs/202208/P020220802417946375463.pdf.

[12] 贺立凯. 大学生媒介素养现状调查研究[J]. 新媒体研究，2018，4(1)：80-81.

[13] 闫欣洁. 新媒体语境下大学生媒介素养教育研究[J]. 新闻爱好者，2018(12)：79-81.

[14] 中国互联网信息中心. 第50次中国互联网发展状况统计报告[EB/OL]. (2022-08)[2022-10-23]. http://www3.cnnic.cn/n4/2022/0914/c88-10226.html.

[15] 张一丹. 老年群体媒介使用现状调查研究：基于咸阳市老年大学的调查[D]. 西安：长安大学，2019.

[16] 端文慧，赵媛. 老年人信息意识状况与提升对策：以老年人上当受骗为视角[J]. 图书馆，2016 (5)：95-101.